Lukas C. Gundling

Ein Naturrechtseinfluss auf das Grundgesetz?

Eine kommentierte Rekonstruktion der Naturrechtsdiskussion im Parlamentarischen Rat 1948-1949

Lukas C. Gundling

EIN NATURRECHTSEINFLUSS AUF DAS GUNDGESETZ?

Eine kommentierte Rekonstruktion der Naturrechtsdiskussion im Parlamentarischen Rat 1948-1949

ibidem-Verlag
Stuttgart

Bibliografische Information der Deutschen Nationalbibliothek
Die Deutsche Nationalbibliothek verzeichnet diese Publikation in der Deutschen Nationalbibliografie; detaillierte bibliografische Daten sind im Internet über http://dnb.d-nb.de abrufbar.

Bibliographic information published by the Deutsche Nationalbibliothek
Die Deutsche Nationalbibliothek lists this publication in the Deutsche Nationalbibliografie; detailed bibliographic data are available in the Internet at http://dnb.d-nb.de.

∞

Gedruckt auf alterungsbeständigem, säurefreien Papier
Printed on acid-free paper

ISBN-13: 978-3-8382-1010-0

Printed in the EU

„Wenn wir […] einwilligen, uns einfach an die sichtbaren Tatsachen, an die Erfahrung aller Zeitalter und an die Gazette des Tribunaux *zu halten, so werden wir sehen, daß die Natur nichts lehrt, oder fast nichts, das heißt, daß sie den Menschen* zwingt, *zu schlafen, zu trinken, zu essen und sich wohl oder übel gegen die Feindseligkeit der Atmosphäre zu schützen. Sie ist es auch, die den Menschen dazu treibt, seinesgleichen zu töten, aufzufressen, einzusperren und zu martern… Das Verbrechen, an dem das menschliche Tier schon im Mutterleib Geschmack gefunden hat, ist ursprünglich natürlich. […] Das Böse tut man ohne Anstrengung,* natürlich *und fatalerweise; das Gute ist stets Erzeugnis einer Kunst"*

CHARLES BAUDELAIRE (1821–1867)[1]

[1] aus: Die Romantische Kunst: Der Maler des modernen Lebens; XI: „Lob der Schminke"

Inhaltsübersicht

Detailliertes Inhaltsverzeichnis:

Abkürzungsverzeichnis

Hinweis: Während versucht wurde im Fließtext hauptsächlich auf allgemein bekannte Abkürzungen zurückzugreifen, finden im Fußnotenapparat Abkürzungen vermehrt Anwendung.

*	geboren
†	verstorben
a.A.	andere Ansicht
a.a.O.	am angegebenen Ort
Abs.	Absatz
AD ParlR	Akten und Dokumente des Parlamentarischen Rates
AöR	Archiv des öffentlichen Rechts
APuZ	Aus Politik und Zeitgeschichte
Art.	Artikel
Bearb.	Bearbeiter_in
BGH	Bundesgerichtshof
BRD	Bundesrepublik Deutschland
bspw.	beispielsweise
BVerfG	Bundesverfassungsgericht
BVP	Bayrische Volkspartei
bzw.	beziehungsweise
CDU	Christlich Demokratische Union Deutschlands
CSU	Christlich-Soziale Union in Bayern
DDP	Deutsche Demokratische Partei
DDR	Deutsche Demokratische Republik
DÖV	Die Öffentliche Verwaltung
DP	Deutsche Partei
Dr.	Doktor_in
DV	Deutsche Verwaltung – Zeitschrift für Verwaltungsrecht
DVBl.	Deutsches Verwaltungsblatt
DVP	Demokratische Volkspartei
etc.	et cetera
f./ff.	folgende
FDP	Freie Demokratische Partei
Fn.	Fußnote
Fr. Prot.	Fraktionsprotokoll
GG	Grundgesetz
ggü.	gegenüber
GVP	Gesamtdeutsche Volkspartei
Hrsg.	Herausgeber_in

insb.	insbesondere
JuS	Juristische Schulung
JuRu	Juristische Rundschau
JZ	Juristen-Zeitung
Kap.	Kapitel
KPD	Kommunistische Partei Deutschlands
KZ	Konzentrationslager
LCG	Lukas Christoph Gundling
LDP	Liberal-Demokratische Partei
m.E.	meines Erachtens
NJW	Neue Juristische Wochenschrift
NRW	Nordrhein-Westfalen
NSDAP	Nationalsozialistische Deutsche Arbeiterpartei
NVwZ	Neue Zeitschrift für Verwaltungsrecht
NZFam	Neue Zeitschrift für Familienrecht
o.ä.	oder ähnliche(s)
o.g.	oben genannte(n)
o.J.	ohne Jahr
Prof.	Professor_in
Red.	Redaktion
Rn.	Randnummer
s.	siehe
S.	Seite
SJZ	Süddeutsche Juristen-Zeitung
Sp.	Spalte
SPD	Sozialdemokratische Partei Deutschlands
s.o.	siehe oben
s.u.	siehe unten
TH	Technische Hochschule
u.	und
u.a.	unter anderem/unter anderen
UN	Vereinte Nationen
USA	Vereinigte Staaten von Amerika
USPD	Unabhängige Sozialdemokratische Partei Deutschlands
Z.	Zeile
z.B.	zum Beispiel
ZRP	Zeitschrift für Rechtspolitik
ZaöRV	Zeitschrift für ausländisches öffentliches Recht und Völkerrecht

Vorwort

Liebe Leser_innen,

ich möchte Sie vor der Lektüre der Abhandlung nicht lange aufhalten. Es seien die, die Danksagungen und Ähnliches, etwa die Nennung ihres eigenen Namens suchen, auf das Nachwort am Ende dieses Bändchens verwiesen. Es mag dort besser aufgehoben sein. Wenige Worte seien dennoch notwendigerweise vorausgeschickt:

Das Ihnen vorliegende Werk ist das Ergebnis meiner Studien, die ich im Kontext meines Masterabschlusses an der Staatswissenschaftlichen Fakultät der Universität Erfurt angestellt habe. Diese Arbeit wurde im Februar 2016 eingereicht, daher ist die Literatur auf dem Stand von Januar 2016. Etwaige später erschienene Werke konnten nicht berücksichtigt werden, insbesondere nicht das mit großer Spannung erwartete Werk des Erfurter Ordinarius Manfred Baldus *Kämpfe um die Menschenwürde - Die Debatten seit 1949*, das im Oktober dieses Jahres bei Suhrkamp erscheinen wird. Bei der Artung der vorliegenden Analyse soll dies aber auch nur sehr bedingt von Belang sein, stützt sie sich im Kern auf Primärquellen aus den Jahren 1948 und 1949.

Wie ich in der Hinführung zu diesem Werk ausführe, möchte ich mit meiner Arbeit einen Mosaikstein und lediglich einen solchen zur Aufarbeitung der Arbeit des Parlamentarischen Rates und der Neueren Rechtsgeschichte der Bundesrepublik leisten; einen Beitrag zum Verständnis des 1948 und 1949 erarbeiteten Verfassungswerkes, einen Beitrag zum Verständnis unseres Grundgesetzes.

Die Leser_innen seien im Vorfeld darauf hingewiesen, dass das vorliegende Werk allerdings, seinem Charakter geschuldet, eben auch nur den Anspruch als ein Mosaikstein, als ein Schlaglicht für sich beanspruchen möchte. Als solches soll es zur Klärung einer zentralen Frage der Verfassungsgeschichte beitragen, nämlich der Frage nach dem Naturrechtseinfluss auf das Grundgesetz. Ich möchte hiermit einen Versuch der Beantwortung vorlegen, der sicherlich nicht ohne Widerspruch bleiben wird. Es wird über vieles noch diskutiert werden müssen.

Das Wesen als Mosaikstein führt dazu, dass die Leser_innen an manchen Stellen nur auf noch zu klärende Fragen aufmerksam gemacht, ihnen Anregungen für weitere

Auseinandersetzungen gegeben werden können. Es ist diese kommentierte Rekonstruktion der Naturrechtsdiskussion im Parlamentarischen Rat deshalb gerade auch mit einem so umfänglichen Fußnotenapparat ausgestattet. Dieser Fußnotenapparat ist außer als Ort des Belegens der im Fließtexte aufgestellten Behauptungen auch als Kommentar des Fließtextes aufzufassen.

Zwar liegt mittlerweile eine nicht geringe Zahl an Auseinandersetzungen mit der konkreten Entstehungsgeschichte des Grundgesetzes vor, auf die im Laufe der Abhandlung direkt und indirekt auch verwiesen wird, dennoch kann die Feststellung im ersten Mitteilungsheft des Instituts für Föderalismusforschung Hannover 14 Jahre später immer noch aufrechterhalten werden, dass den Entstehungsprozess des Grundgesetzes betreffend noch Nachholbedarf in der wissenschaftlichen Aufarbeitung besteht. Auch deshalb habe ich mich zur Herausgabe dieses Buches entschieden.

Dennoch: Historiker, Politikwissenschaftler und Juristen werden mit der Aufarbeitung der Entstehungsgeschichte des Grundgesetzes noch einige Jahre beschäftigt sein – es bleibt eine interdisziplinäre Herausforderung, in der sich gerade die Staatswissenschaft in Zukunft hervortun könnte. Es sollte gerade auch eines der genuinen Forschungsgebiete sein, in dem sich die Staatswissenschaft als eine erneuerte, eigene Disziplin präsentieren kann.

Mit diesem, als solchen zu verstehenden Appell an die Staatswissenschaft und mit einer meines Erachtens sehr treffenden und die Relevanz einer solchen Auseinandersetzung nahelegenden Feststellung des Rechtshistoriker Michael Stolleis möchte ich Sie nun meiner Ausarbeitung überlassen. Stolleis erklärt uns: „Um künftige Entwicklungen zu verstehen und zu gestalten, muss man verstehen, welche Geschichte hinter der Gegenwart liegt.“[2] Wir müssen das verstehen, was gewesen ist, um das, was ist und was kommt, erklären zu können. Dies soll auch ein Fokus meiner weiteren wissenschaftlichen Arbeit sein.

Erfurt, im Juli 2016
Lukas C. Gundling

---

[2] *Stolleis* 2014, S. 8.

I.

Hinführung

Umstritten ist bis heute die Frage: Inwieweit ist Naturrecht in die Konzeption des Grundgesetzes mit eingeflossen?[3] Ungeachtet dessen weist die höchstrichterliche Rechtsprechung der Frühzeit des Grundgesetzes etliche Naturrechtsbezüge auf.[4] Allerdings, so stellte es der damalige Präsident des Bundesverfassungsgerichts Gebhard Müller 1967 fest, umfasste die Rechtsprechung „in nicht immer einheitlich und entwirrbarer Weise Gedankengut verschiedener naturrechtlicher Strömungen."[5] Erklärend führte er aus: „Die Gegensätzlichkeit rührt daher, daß man von der Rechtsprechung keine systematische Naturrechtsdarstellung erwarten darf. Vor allem aus der Fallbezogenheit der Rechtsprechung ist die zuweilen schwankende Interpretation des Naturrechts zu verstehen."[6]

Der Rechtsphilosoph Peter Schneider befasste sich mit den Naturrechtsbezügen der Rechtsprechung in der jungen Bundesrepublik in seiner Antrittsvorlesung 1956.

---

3 Zustimmend zum Einfluss *Schwab* 2011, S. 232f.; *Robbers* 2007, S. 36; *Waldstein* 2007, S. 325; *Hofmann* 1989, S. 3184; *Zajadło* 1987, S. 208f., *Göldner* 1984, S. 25, *Küchenhoff/Wollenschläger* 1981, S. 208f.; *Maier* 1973, S. 42f.; *Hubmann* 1965, S.50; *Hippel* 1966, S. 53; *Zorn* 1956, S. 424; *von Doemming/Füsslein/Matz* 1951, S. 42 – als positiviertes Naturrecht – *Isensee* 2006, S. 84ff., *Kirste* 2012, § 204, Rn. 33, 50; *Rüthers et al. 2015*, § 6, Rn. 267 (aus dem positivierten Recht ist jedoch kein Recht schöpfbar); zustimmend grundsätzlich auch *Hufen* 1999, S. 1506, allerdings macht er bei der Betrachtung des Umgangs und der Entwicklung des GG eine Abkehr vom Naturrecht aus (S. 1507). Kritisch z.B. *Müller* 1967, S. 10ff., er merkt an: „Man kann darüber streiten, inwieweit sich Grundrechte und ‚natürliche' Rechte des Menschen überschneiden und decken." (a.a.O., S. 11), deutlich dagegen stimmend: z.B. *Stober* 1982, S. 476, *Herdegen* 2007, S. 135ff.; ausweichend – das Naturrecht thematisierend, den konkreten Einfluss offenlassend, z.B. *Weber-Fas* 2002, S. 49ff., *Stolleis* 2014, S. 149ff.

4 *Weinkauff* 1960, S. 1690f. stellt mit Blick auf den BGH fest: „Es versteht sich angesichts der rein positivistischen Erziehung der deutschen Juristen von selbst, daß sich die naturrechtliche Betrachtungsweise in der Rechtsprechung des BGH nicht sofort allgemein durchsetzen konnte."; grundsätzlich dazu: *Schwab* 2011, S. 229, 236ff.

5 *Müller* 1967, S. 32.

6 a.a.O., S. 33.

Er stellte darin, über das zuvor Erörterte hinausgehend, dar, dass schon in der Terminologie des überpositiven Rechts Uneinheitlichkeit bestehe.[7] Dies führe dazu – so der ehemalige Präsident des Bundesgerichtshofes Hermann Weinkauff 1960 – dass das Gericht „diejenigen naturrechtlichen Sätze findet und ausspricht, auf die es die Entscheidung des Einzelfalles führt."[8] Der Bundesgerichtshof habe konstatiert, dass es Grund- und Freiheitsrechte gebe, die sowohl den ordentlichen Gesetzgeber als auch den Verfassungsgesetzgeber bänden.[9] „Er [der BGH] tut das nicht, weil das GG in Art. 1 und 19 von dieser Auffassung ausgeht, sondern weil diesen Rechten an und für sich und unabhängig von positivrechtlichen Anerkennung dieser Rang zukommt."[10] Und trotz der Bruchstückhaftigkeit der naturrechtlichen Darlegungen des BGH bilden diese zusammen, so Weinkauff, „Bruchstücke e i n e r großen Konfession."[11]

Der Staatsrechtslehrer Evers führte in einem kritischen Beitrag dieser Zeit zur naturrechtlich fundierten Rechtsprechung aus: „Mit rationaler Nachprüfung zugänglicher Methoden allein kann der Mensch materiale Naturrechtsnormen nicht ableiten. [...] Es bleiben ‚Spannungen' zwischen der zeitlichen und der zeitlosen Ordnung, die der Theoretiker ‚offen' lassen kann. Der Richter aber muß entscheiden, und zwar nicht vorläufig, sondern endgültig und mit dem Anspruch auf Allgemeingültigkeit seines Urteils."[12] Allein die Vielzahl der naturrechtlichen Strömungen, mit ihren mitunter unterschiedlichen Fundierungen, die in der Frühzeit des Grundgesetzes kursieren, provozieren in der Urteilsfindung und der damit verbundenen Auslegung von

---

7 *Schneider* 1956, S. 99 (neben den dort aufgeführten Begriffen spricht *Schwab* 2011, S. 229 abweichend von außerpositivem Recht; und *Marcic* 1957, u.a. S. 356ff. sowie *Isensee* 2014, S. 65 von präpositivem Recht), *Zajadło* 1987, S. 209 prangert zudem die synonyme und damit unzulässig verkürzende Verwendung z.B. der Begriffe Naturrecht, Naturrechtsidee, Naturrechtslehre etc. an. Speziell auf die Arbeit des Parlamentarischen Rates verweist *Hufen* 1999, S. 1506 darauf hin, dass die Begriffe Naturrecht oder überpositives Recht zwar von verschiedenen Seiten verwendet wurden, allerdings die verschiedenen Seiten diesen Begriff unterschiedlich besetzt hatten („Naturrechtliche Grundlage – aber welches Naturrecht?"). Diesen Umstand für den Parlamentarischen Rat näher zu beleuchten gehört zu den Zielen dieser Arbeit.

8 *Weinkauff* 1960, S. 1692.

9 a.a.O., S. 1690, 1692ff.

10 a.a.O., S. 1692.

11 a.a.O., S. 1696 [Hervorhebung im Original]; kritisch demgegenüber explizit *Evers* 1961, S. 242.

12 *Evers* 1961, S. 246f.

Rechtsnormen Schwierigkeiten.[13] Müller verwies in diesem Zusammenhang auf eine unbefriedigende Vorgehensweise der Gerichte: „In der Tat haben sich Gerichte […] häufig mit der Feststellung des Vorhandenseins einer Naturrechtsnorm begnügt, ohne weiterhin nach ihrem Geltungsgrund zu fragen.“[14]

Unter dem Eindruck des Naturrechtsbezugs der Rechtsprechung der jungen Bundesrepublik ist zu fragen: Sieht die Rechtsordnung des Grundgesetzes einen Rekurs auf das Naturrecht vor? Oder: Lehnt diese Rechtsordnung das Naturrecht ausdrücklich ab? Die Frage des Verhältnisses von Naturrecht und Konzeption der grundgesetzlichen Rechtsordnung, überhaupt das Verhältnis von deutscher Rechtswissenschaft und Naturrecht hat die Rechtswissenschaft selbst bewegt und bewegt diese noch immer.[15]

Was die namentlich angesprochenen Beiträge[16] sämtlich versäumen, ist ein Blick in den Entstehungsprozess des Grundgesetzes. Eine Quelle, die erhellend zur Konzeption des Grundgesetzes beiträgt, sind die Protokolle und Akten[17] der Arbeit des Parlamentarischen Rates. Wie es der Rechtswissenschaftler Hans-Peter Schneider formulierte: „Insgesamt besteht jedenfalls Einigkeit darüber, daß der Regelungsgehalt eines verfassungsrechtlichen Normenprogramms ohne Rücksicht auf die damit verfolgten Ziele und Ansichten (Intentionen) seiner Verfasserinnen und Verfasser […] nicht zureichend rational erschlossen werden kann.“[18]

13 Eine kurze Skizzierung verschiedener Strömungen findet sich bei *Evers* 1961, S. 242ff. und später bei *Schwab* 2011, S. 231ff.

14 *Müller* 1967, S. 9.

15 So befasste sich die Wissenschaft kontinuierlich mit diesem Verhältnis, zum Beispiel *Müller* 1967, *Dannenberg* 1978, *Zajadło* 1987, *Dreier* 2007 oder erst vor Kurzem z.B. *Foljanty* 2013 mit dem Naturrechtseinfluss in der Nachkriegszeit sowie *Kreß* 2015, S. 152ff. Außerdem veröffentlichte das AöR 2014, S. 1ff. eine Abhandlung zum Naturrecht von Otto *Bachof* aus dem Jahre 1947. *Alwart* 1990, S. 473 macht gar eine Naturrechtsrenaissance Ende der 1980er, Anfang der 1990er-Jahre aus und beruft sich dabei u.a. auf einen Beitrag von Horst Dreier, bleibt aber einen umfassenden Beleg an dieser Stelle schuldig.

16 Eine solche Problematik weisen allerdings auch noch aktuelle Beiträge auf, beispielhaft sei *Kluth* 2007 angeführt.

17 Ein weiterer wichtiger Aushandlungsort war der sogenannte Rote Salon im Tagungsort des Parlamentarischen Rat, wo durchaus die ein oder andere strittige Passage Klärung finden konnte (*Streatling* 1989, S. 12). Leider gibt es (natürlich) zu diesen ‚Verhandlungen‘ keine zugänglichen, aufbereiteten Akten.

18 *Schneider* 1997, S. 907.

Die vorliegende Arbeit wird deshalb diese Protokolle in den Blick nehmen und sich mit den Fragen befassen, wieweit naturrechtliche Dimensionen der Grundrechte[19] bereits in der Konzeption des Grundgesetzes eine Rolle gespielt haben, welche naturrechtlichen Strömungen zur Sprache kamen und gegebenenfalls wie mit diesen Strömungen im Parlamentarischen Rat umgegangen wurde: eine Rekonstruktion der Naturrechtsdiskussion.

Dazu werden – nachdem kurz die Ausgangslage Skizzierung findet (s.u. II.) – in erster Linie die Protokolle und Dokumente des Ausschusses für Grundsatzfragen herangezogen (s.u. III.), der sich gleich zu Beginn seiner Arbeit mit der Konzeption der Grundrechte – in Anlehnung an die Arbeit in Herrenchiemsee[20] – befasst hat.[21] Die Entwicklung verfolgend und flankierend sind Lesungen der Grundrechte im Hauptausschuss des Parlamentarischen Rates unter der Fragestellung im Blick zu behalten und zu analysieren (s.u. IV.)[22] sowie schließlich auf die Diskussionen im Plenum des Parlamentarischen Rates einzugehen (s.u. V.).[23] Daneben stehen als Primärquellen die Protokolle der Interfraktionellen Besprechungen[24], die Protokolle des Ältestenrates des Parlamentarischen Rates[25] und die zu den Beziehungen desselben zu den Militärregierungen[26] zur Verfügung. Außerdem kann auf die Protokolle der Fraktionssitzungen der CDU/CSU-Fraktion zurückgegriffen werden.[27]

---

19 Aus dem zuvor Erörterten und z.B. explizit *Weinkauff* 1960, S. 1692, sowie *Hufen* 1999, S. 1506 wird deutlich, dass die Frage des Naturrechtseinflusses insbesondere mit dem Bereich der Grundrechte verknüpft ist.

20 *AD ParlR* V Nr. 2, S. 3f.; dazu auch *Pikart/Werner* 1993, S. XXI.

21 Diese stehen in zwei Teilbänden (von 1993) der Reihe „Der Parlamentarische Rat 1948–1949, Akten und Protokolle" zur Verfügung.

22 Diese stehen in zwei Teilbänden (von 2009) der Reihe „Der Parlamentarische Rat 1948–1949, Akten und Protokolle" zur Verfügung.

23 Diese stehen in einem Band (von 1995) der Reihe „Der Parlamentarische Rat 1948–1949, Akten und Protokolle" zur Verfügung. Die erste Phase des Plenums, im September 1948 kann dabei außer Acht gelassen werden, beginnt die konkrete, zielgerichtete inhaltliche Arbeit mit der Arbeit in den jeweiligen Fachausschüssen. Für diese Arbeit ist dies wie dargestellt der Ausschuss für Grundsatzfragen.

24 Diese stehen in einem Band (von 1997) der Reihe „Der Parlamentarische Rat 1948–1949, Akten und Protokolle" zur Verfügung.

25 Diese stehen in einem Band (von 1997) der Reihe „Der Parlamentarische Rat 1948–1949, Akten und Protokolle" zur Verfügung.

26 Diese stehen in einem Band (von 1996) der Reihe „Der Parlamentarische Rat 1948–1949, Akten und Protokolle" zur Verfügung.

27 Diese stehen in einem Band (von 1987) der Reihe „Forschungen und Quellen zur Zeitgeschichte" des Verlages Klett-Cotta zur Verfügung. Diese werden lediglich unterstützend am Rande herangezogen.

Der Aufbau der Arbeit folgt dabei dem im Ältestenrat im Oktober/November 1948 vereinbarten Arbeitsgang, wenngleich die dort mit berücksichtigte Arbeit des allgemeinen Redaktionsausschusses mangels Protokolle keiner gesonderten Analyse und Extraktion der Naturrechtsdiskussion unterzogen werden kann.[28]

Derzeit wird die Entstehung des Grundgesetzes (letzter erschienener Band 2013[29]) durch ein gleichnamiges Forschungsprojekt umfassend aufgearbeitet. Dieses 1986 an der Universität Hannover durch Hans-Peter Schneider angestoßene Projekt geht nicht der Artikelfolge des Grundgesetzes folgend vor und ist bis dato noch nicht zu den ersten Artikeln des Grundgesetzes, dem Kapitel der Grundrechte, vorgedrungen. Es liegen also von diesem umfassenden Werk noch keine Bände zu den für die vorliegende Arbeit zentralen Artikeln vor. Ungeachtet dieses Umstandes kann aus der Konzeption des hannoverschen Forschungsprojektes mitgenommen werden: Die Aufarbeitung der Entstehung des Grundgesetzes ist nicht lediglich für Juristen interessant, sondern unter anderen auch für Politikwissenschaftler oder Soziologen.[30] Und dies leitet zur Relevanz des Themas über: Sie entwickelt sich den Charakter als interdisziplinär-verfassungsgeschichtliche[31] Ausarbeitung einen weiteren Baustein im Mosaik der Aufarbeitung des Entstehungsprozesses des Grundgesetzes; die Arbeit entwickelt eine weitere Grundlage zur Auslegung und Bewertung der Grundrechtsartikel und zur Bewertung des Umgangs mit diesen Artikeln – zum Beispiel durch die rechtsprechende Gewalt.[32]

Einen kleinen Mosaikstein – um in diesem Bilde zu bleiben – hat Josef Isensee mit seiner Arbeit „Positivität und Überpositivität der Grundrechte“ im Handbuch der Grundrechte bereits eingesetzt. In seinem Unterkapitel „Überpositive Fundierung der

---

28 *von Doemming/Füsslein/Matz* 1951, S. 10.

29 *Kramer*, Jutta: Das Grundgesetz: Dokumentation seiner Entstehung. Band 21: Art. 83 bis 85, Klostermann, Frankfurt a.M. 2013. Nach Auskunft vom 29. Juni 2016 wird das Projekt aktuell immer noch fortgesetzt. Weitere Bände können mit Spannung erwartet werden.

30 *Bachmann/Nemitz/Bader* 1993, S. 106f.; zum Interesse unterschiedlicher Disziplinen auch *Bauer-Kirsch* 2005, S. 8; das einschlägig interdisziplinäre Interesse am Naturrecht stellt *Klippel* 2006, S. VII heraus.

31 Zur Relevanz der verfassungsgeschichtlichen Auseinandersetzung mit dem Grundgesetz, auch als interdisziplinäre Auseinandersetzung siehe *Würtenberger* 1997, S. 127ff.

32 Auch wenn die Naturrechtsbezüge in der Rechtsprechung bereits nach einer Dekade wieder rückläufig waren (*Müller* 1967, S. 13ff.; *Evers* 1961, S. 241; *Schneider* 1956, u.a. S. 98), bleibt insbesondere im Umgang mit den ersten Artikeln der Verfassung und deren Anwendung die Frage ihrer Konzeption von Bedeutung, vor allem unter dem Eindruck sich wandelnder Lebenswelten.

positiven Grundrechte“ geht er auf die Naturrechtsdiskussion ein, fasst diese allerdings lediglich summarisch – unter Heraushebung einzelner Punkte – zusammen.[33]

Eine weitere, sehr kurze Auseinandersetzung liegt von Stephan Kirste im Beitrag „Die naturrechtliche Idee überstaatlicher Menschenrechte“ im zehnten Band des Handbuchs des Staatsrechts vor.[34] Er trifft dabei die unbefriedigende Feststellung: „Erwähnt werden etwa die Stoa, Thomas von Aquin, Kant, Montesquieu, Hegel und Rousseau.“[35] Kirste nimmt darüber hinaus keine Wertung der Intensität der Vertretung der Ideen der einzelnen Theoretiker vor und wendet sich dann der vom Parlamentarischen Rat wahrgenommenen, aufkommenden internationalen Anerkennung von Menschenrechten als Einwirkung zu, wobei er die Analyse der Akten und Dokumente verlässt.[36]

Ebenso unbefriedigend ist die quasi vollständige Aussparung der Naturrechtsdiskussion sowie der Naturrechtsrenaissance in den beiden viele Bereiche umfassenden Überblickswerken zum Parlamentarischen Rat von Michael F. Feldkamp[37] aus den 90er-Jahren des letzten Jahrhunderts[38] sowie die anscheinend nur auf Sekundärquellen beruhende, kurze, dabei jedoch im Kern sehr treffende Darstellung der Naturrechtsdebatte beim Soziologen Wolf Rosenbaum.[39]

---

33 *Isensee* 2006, S. 86.

34 *Kirste* 2012, § 204, Rn. 33f., 50.

35 a.a.O., § 204, Rn. 33

36 a.a.O., § 204, Rn. 33ff.

37 Feldkamp war lange Zeit Historiker beim Bundestag und zudem Bearbeiter einiger Dokumenten-Bände des Parlamentarischen Rates (siehe dazu auch die Literaturübersicht dieser Arbeit).

38 *Feldkamp* 1998 und *Feldkamp* 1999.

39 *Rosenbaum* 1972, S. 116ff.; der Nichteinbezug der Primärquellen bedingt vermutlich auch die ein oder andere weniger zutreffende Einschätzung, die er bezüglich des Werdens des Grundgesetzes trifft.

II.

Die Situation und die Diskutanten

1. Ausgangssituation

a. Zwei-Staaten-Lösung

Die Zeit nach der Kapitulation Deutschlands 1945 brachte ein Nebeneinander verschiedener und vorläufiger Lösungen für die weitere lang-, mittel- und kurzfristige Entwicklung Deutschlands.[40] Eine Wende für den konkreten Fortgang stellten die beiden Konferenzen in Moskau (März/April 1947) und London (sogenannte Viermächtekonferenz, November/Dezember 1947) dar. Eine gemeinsame Politik der Siegermächte für das geschlagene Deutschland, wie sie zunächst angestrebt war, schien nicht erreichbar zu sein und eine Zwei-Staaten-Lösung damit unausweichlich.[41]

Die drei Westmächte begannen infolgedessen mit den Verhandlungen über eine Erweiterung der Bizone (Besatzungszonen des Vereinigten Königreichs und der Vereinigten Staaten von Amerika) zur Trizone (Mitaufnahme der Französischen Besatzungszone).[42]

Den Ausgangspunkt[43] für die Entstehung des Grundgesetzes – also einer Verfassung – für den westdeutschen Staat stellte schließlich die sogenannte Sechs-Mächte-Konferenz im Frühjahr 1948 in London dar, der neben den drei Westsiegermächten

---

40 Ein Überblick über die Pläne, Vorstellungen und Entwicklungen liefern u.a. *Kröger* 1993, S. 8ff.; *Menger* 1993, S. 193ff.; *Kimminich* 1987, S. 584ff. oder *Kistler* 1985, S. 19ff. Und dennoch merkt *Feldkamp* 1999, S. 16 an, dass es Großbritannien und den USA an einem gemeinsamen Konzept fehlte.

41 Dazu *Mußgnug* 2003, § 8, Rn. 12; *Kröger* 1993, S. 18; *Menger* 1993, S. 203. Allerdings war die Möglichkeit der Zwei-Staaten-Lösung in amerikanischen Kreisen gehandelt (*Feldkamp* 1999, S. 16).

42 *Kimminich* 1987, S. 612; die Trizone trat allerdings erst mit dem Washingtoner Abkommen vom 8. April 1949 formell in Kraft. U.a. *Stern* 1993, S. 17 spricht den USA eine den Lauf befördernde, lenkende Rolle zu.

43 Abweichend nennt *Mußgnug* 2003, § 8 Rn. 1 die Überreichung der Frankfurter Dokumente den Startpunkt der eigentlichen Entstehungsgeschichte der Bundesrepublik Deutschland und des Grundgesetzes. *Wagner* 1975, S. LII nennt die Frankfurter Dokumente „Geburtsurkunde der Bundesrepublik Deutschland“, weist jedoch darauf hin, dass sie zu einer solchen erst mit der Annahme am 26. Juli 1948 wurden, zustimmend auch *Lange* 1993, S. 2.

noch zusätzlich die westlichen Nachbarstaaten Belgien, Luxemburg und die Niederlande beiwohnten. Auf dieser Konferenz wurden die Grundzüge der als ‚Frankfurter Dokumente' in die Geschichte eingegangenen Papiere beschlossen. Sie wurden am 1. Juli 1948[44] im Rahmen der Frankfurter „Trizonenkonferenz"[45] den Ministerpräsidenten der als solche neugegründeten Länder der drei westlichen Zonen übergeben.[46]

b. Frankfurter Dokumente

Die Frankfurter Dokumente[47] umfassten insgesamt drei Dokumente. Das erste Dokument beauftragt die elf Ministerpräsidenten der Länder[48] „[...] eine Verfassungsgebende Versammlung einzuberufen, die spätestens am 1. September 1948 zusammentreten sollte."[49] Redaktionell, in den vom Bundestag und Bundesarchiv herausgegebenen, aufbereiteten Dokumentenbänden, ist das Schriftstück indes mit dem Titel „Verfassungsrechtliche Bestimmungen" versehen.[50] Diese Überschrift verweist auf die zentrale Intention des Dokuments. Neben der Gründungsaufforderung zu der im Zentrum stehenden Versammlung und den Ausführungen zur Inkraftsetzung der Verfassung schreibt das Dokument Nr. 1 Grundzüge des auszuarbeitenden Verfassungsdokuments vor: „Die Verfassungsgebende Versammlung wird eine demokratische[51] Verfassung ausarbeiten, die für die beteiligten Länder eine Regierungsform des föderalistischen[52] Typs schafft, die am besten geeignet ist, die gegenwärtig zer-

---

44 *Wagner* 1975, S. XXVIf. weist darauf hin, dass die Dokumente zunächst bereits bis 15. Juni 1948 veröffentlicht werden sollten, allerdings scheiterte dieses Vorhaben an langwierigen Debatten in der französischen Nationalversammlung (Die Furcht vor einem zu mächtigen Nachbarn; *Feldkamp* 1999, S. 17). Dieser Akt wurde auf französisches Drängen dann sehr formell abgehalten.

45 Bezeichnung bei *Kimmich* 1987, S. 612.

46 *Menger* 1993, S. 203; *Kröger* 1993, S. 18.

47 Abgedruckt *AD ParlR* I Nr. 4, S. 30ff.

48 *Streatling* 1989, S. 25 nennt diese explizite Beauftragung der Ministerpräsidenten die bewusste Abkehr vom Reichsgedanken und der Zentralgewalt.

49 *AD ParlR* I Nr. 4, S. 30.

50 a.a.O., I. Nr. 4, S. 30.

51 Es war eine Demokratie westlicher Prägung zu schaffen (*Wilms* 1999, S. 89f., 96; dazu auch *Günther* 2004, S. 57ff.).

52 Insbesondere war dies eine Forderung Frankreichs, das einen schwachen Bundesstaat mit starken Ländern als Lösung für Deutschland anstrebte (*Mußgnug* 2003, § 8, Rn. 15; *Wagner* 1975, S. XVI). Zunächst sah Frankreich sogar einen Staatenbund aus souveränen Gliedstaaten vor (*Kistler* 1985, S. 38). Es gehörte mit zu den Herausforderungen der Sechs-Mächte-Konferenz,

rissene deutsche Einheit schließlich wieder herzustellen, und die Rechte der beteiligten Länder schützt, eine angemessene Zentralinstanz schafft und die Garantien der individuellen Rechte und Freiheiten enthält."[53] Das Dokument Nr. 2 verfügt Vorgaben zur Überprüfung der Ländergrenzen, das Dokument Nr. 3 Grundzüge eines Besatzungsstatuts.[54]

Trotz der klaren und bereits weitgehend die Grundzüge der Verfassung vorzeichnenden Rahmenvorgaben überlassen diese Dokumente der verfassungsgebenden Versammlung einen nicht unbedeutenden Spielraum[55] in der konkreten Gestaltung und Fundierung des Verfassungsdokuments und insbesondere im Bereich der Grund- und Freiheitsrechte.

Die Frankfurter Dokumente stießen bei den Ministerpräsidenten zunächst auf Ablehnung. Es wurden von deutscher Seite Vorschläge zur Abänderung gemacht. So sprachen sich die Ministerpräsidenten auf der Koblenzer Ministerpräsidenten-Konferenz unter anderem dafür aus, statt einem ‚Staat' einen ‚Administrativen Zweckverband' zu bilden, statt einer ‚Verfassung' ein ‚Grundgesetz' und ein ‚Wahlgesetz' zu erstellen und dies auch nicht durch eine ‚Nationalversammlung', sondern durch einen ‚Parlamentarischen Rat'. Die sogenannten Koblenzer Beschlüsse zu den Frankfurter Dokumenten wurden zunächst von den Alliierten mit wenig Begeisterung aufgenommen. Man einigte sich nach den Juli andauernden Verhandlungen und Zugeständnissen bei der Terminierung und den Bezeichnungen auf die Annahme der Frankfurter Dokumente.[56]

---

einen für Frankreich akzeptablen Weg zu einer westdeutschen Staatlichkeit zu finden (*Lange* 1993, S. 2f.).

53 *AD ParlR,* I. Nr. 4, S. 31.

54 a.a.O., I. Nr. 4, S. 32ff.

55 *Morsey* 1989, S. 473 formuliert kritischer: „Und kein deutscher Politiker kannte die Grenzen des eigenen Handlungsspielraums."

56 Die „Koblenzer Beschlüsse" (abgedruckt: *AD ParlR,* I. Nr. 6, S. 60ff.) riefen ein negatives Echo der Westalliierten, insbesondere der amerikanischen und britischen Seite, hervor. Nach diversen Verhandlungen auf Seiten der Alliierten wie auch der der Ministerpräsidenten („Rüdesheimer Ministerpräsidenten-Konferenz" auf dem Jagdschloss Niederwald; Protokoll und Aide-Mémoire abgedruckt: a.a.O., I. Nr. 11 und 12, S. 172ff.) und eingehenden Erläuterungen der Lage durch die Alliierten gegenüber den Ministerpräsidenten kam es im Zuge der dritten großen Konferenz der Militärgouverneure mit den Ministerpräsidenten („Schlußkonferenz der Militärgouverneure mit den Ministerpräsidenten der westdeutschen Besatzungszonen", abgedruckt: a.a.O., I. Nr. 13, S. 273ff.) am 26. Juli 1948 in Frankfurt am Main zur Annahme der Frankfurter Dokumente durch die Ministerpräsidenten. Dabei wurden auch kleinere Zuge-

c. *Verfassungsrechtliche und verfassungsgeschichtliche ‚Stunde Null'? Die Möglichkeit eines Neuanfangs?*

Es schließt sich damit unmittelbar die Frage an, inwieweit es sich zum Zeitpunkt der Verfassungserstellung verfassungsrechtlich und verfassungsgeschichtlich um eine ‚Stunde Null' handelte? Wie frei konnte der Parlamentarische Rat im Rahmen der – genuin beschränkenden – Frankfurter Dokumente das Verfassungsdokument erstellen?

Für den Rechtshistoriker Michael Stolleis ist die Metapher der ‚Stunde Null' „in einem politischen, sozialen oder kulturellen Kontext […] irreführend, weil sie Kontinuität verdeckt und Möglichkeiten eines Neuanfangs suggeriert, die in dieser Form gar nicht bestanden haben."[57] Allerdings – so Stolleis – war eine solche, von den Alliierten Kräften bereits während des Krieges explizit so vorgesehen, staatsrechtlich zum Zeitpunkt der Kapitulation gegeben.[58] Friedhelm Hufen weist für die Verfassungserstellung den Befund der ‚Stunde Null' deutlich zurück: „Der Grundgesetzgeber sah sich eingebettet in die Geschichte […]. Politisch und wirtschaftlich waren […] die Weichen 1948 ohnehin bereits gestellt."[59] Auch Walter Pauly zeigt, dass es sich nicht unbedingt um eine ‚Stunde Null' gehandelt habe, wäre dazu doch ein „[…]

---

ständnisse im Bereich der Terminierungen und Bezeichnungen z.B. des Verfassungsdokuments („Grundgesetz") Seitens der Alliierten zugelassen (zu den Entwicklungen zwischen 1. und 26. Juli 1948 insbesondere *Wagner* 1975, S. XXVff. und *Wilms* 1999, S. 60ff.).

57 *Stolleis* 2003, § 7 Rn. 2; ähnlich bekräftigt *Stolleis* 2014, S. 130ff.

58 *Stolleis* 2003, § 7 Rn. 2; auch *Steiner* 2011, S. 175 sieht die potentielle ‚Stunde Null' zu diesem Zeitpunkt, *Hesse* 1990, S. 2f. verweist ohne die Verwendung des Begriffs ‚Stunde Null' auf die vollständige Übernahme der Herrschaft durch die Besatzungsmächte und einen darauf basierenden Neuaufbau der Staatlichkeit von unten, *Weber-Fas* 2002, S. 31 macht eine „Art ‚Stunde Null'" im vollständigen Zusammenbruch der Staatlichkeit aus. *Günther* 2004, S. 57ff. verweist auf den schnellen Neuaufbau der Rechtswissenschaften und Juristenausbildung durch die Amerikaner. Mitunter wird der Begriff auch recht unkritisch eingesetzt, so bei *Foljanty* 2013, S. 6. Unstrittig handelt es sich um die Stunde Null des Grundgesetzes, wie es *Jestaedt* 2002, S. 187 formuliert.

59 *Hufen* 1999, S. 1505; u.a. im Verweis auf Stolleis; *Menger* 1993, S. 197f. benutzt zwar die Metapher ‚Stunde Null', stellt jedoch im Kontext die Kontinuität – z.B. im Bereich der kommunalen Verwaltung – dar. Gleichzeitig vergleicht er den Zustand der Staatlichkeit zu dieser Zeit mit der Nachkriegszeit des Dreißigjährigen Krieges. Schmid lässt allerdings in der zweiten Plenumssitzung des Parlamentarischen Rates Zweifel an der verfassungsrechtlichen Diskontinuität erkennen (*AD ParlR*, IX. Nr. 2, S. 32f.).

voraussetzungsloser Neuanfang ohne geschichtliche Vorprägung und Vorbelastung“[60] notwendig gewesen.[61]

Diese Aussagen illustrieren im Kern keinen inhaltlichen Dissens, entwickelten sich doch unter der Regie der Besatzungsmächte bereits staatliche Strukturen, die Stolleis als Rumpfstaat bezeichnet, als einen Staat in Gründung und unter externer Aufsicht.[62] Es sind also der Moment direkt nach der Kapitulation und der Moment der Beauftragung der Ministerpräsidenten, die Verfassungsbildung einzuleiten, zu unterscheiden. So war zum Beispiel mit der Währungsreform 1948 ein Übergang zu einer grundsätzlichen freien Marktwirtschaft für die westlichen Besatzungszonen quasi vorentschieden worden.[63] Trotz den gegebenen Kontinuitäten, der geschichtlichen Vorbelastung und den bereits durch die Besatzungsmächte getroffenen (System-)Entscheidungen war bis zu diesem Punkt keine weitere Einschränkung der Fundierung, insbesondere der Grundrechte, zu erkennen. Aus diesem Blickwinkel kann also für die verfassungsgebende Versammlung soweit und wohl auch eben nur soweit eine ‚Stunde Null‘ konstatiert werden.[64]

---

60 *Pauly* 2007, S. 885.

61 a.a.O., S. 885f., zählt auf, dass neben dem militärischen, moralischen und politischen Zusammenbruch Not und Elend, aber auch verschiedene Erscheinungsformen von Kontinuität gegeben waren. *Brill* 1948, S. 54 erklärt, dass die Konzeption der deutschen Landesverfassungen der Nachkriegszeit kein Zufall gewesen seien, „[…] sondern das notwendige Ergebnis einer entschlossenen Abkehr von der nazistischen Barbarei.“ Auf die Vorbelastung und das Gebrochensein der Weimarer Verfassung weist u.a. auch *Leibholz* 1948, S. 74 hin. Eine Prägung der Zeit. *Bracher* 1996, S. 24 macht in der ‚Stunde Null‘ eine Idee der Intellektuellen aus, die nicht der politischen Realität entsprochen habe.

62 *Stolleis* 2003, § 7 Rn. 114; Stolleis führt an, dass zumindest die Bizone eine Keimzelle und Präfiguration der Bundesrepublik war, die bereits über einen umfassenden politischen Formenkanon verfügte (a.a.O.).

63 *Mußgnug* 2003, § 8 Rn. 19.

64 *Wilms* 1999, S. 95 stellt zur Garantie von Recht und Freiheit fest: „An diesem Punkt wirkten die Einflüsse der Alliierten am wenigsten unmittelbar, da die Freiheitsgarantien durch die Demokratie und durch die Schaffung bestimmter Institutionen […] abgesichert waren.“ Auch *Kröger* 1993, S. 21 stellt ex post fest, dass der Einfluss der Besatzungsmächte auf die Arbeit des Parlamentarischen Rates zur Erstellung des Grundgesetzes gering war, während *Menger* 1993, S. 204 diesen gerade betont. Allerdings zeigt sich, dass mitunter führende Politiker im Parlamentarischen Rat durchaus eine Wahrnehmung von Einschränkung an den Tag legten, so z.B. Carlo Schmid (*AD ParlR*, IX. Nr. 2, S. 29f.), der u.a. in der zweiten Sitzung des Plenums feststellt: „Es gibt fast mehr Einschränkungen der deutschen Befugnisse in diesem [Frankfurter] Dokument Nr. 1 als Freigaben deutscher Befugnisse.“ (a.a.O., IX. Nr. 2, S. 29) – Süsterhenn widerspricht dem in derselben Sitzung – mit Bezug auf Thomas von Aquin und seiner naturrechtlichen Lehre (a.a.O., IX. Nr. 2, S. 47f.).

Es ist von der Verwendung dieses Begriffs aufgrund seines offensichtlichen Konfliktpotentials und seines irreführenden Charakters abzusehen und lediglich darauf hinzuweisen, dass zumindest im Bereich der Grundrechte und -freiheiten[65] die weitgehende M ö g l i c h k e i t e i n e s N e u a n f a n g s bestand. Der ehemalige Bundesverfassungsrichter Udo di Fabio meint dazu retrospektiv: „Wer die Beratungen von Herrenchiemsee und des Parlamentarischen Rates studiert, der sieht, dass am Anfang eine große Freiheit des Wiederbeginns stand und kein Vollzug fremder Befehle, jedenfalls keiner der Westalliierten.“[66] Dies darf selbstverständlich nicht über die tatsächlichen Machtverhältnisse hinwegtäuschen.[67]

A b e r , die illustrierte Möglichkeit eines Neuanfangs vollzog sich – das darf an dieser Stelle bereits konstatiert werden – keinesfalls im luftleeren Raum.[68] Auch in der

65 Es sei an dieser Stelle noch einmal in Erinnerung gerufen: In einer Betrachtung ex ante postuliert das Frankfurter Dokument Nr. 1 dazu lediglich „[…] Garantien der individuellen Rechte und Freiheiten enthält.“ (a.a.O., I. Nr. 4, S. 31). Bei einem wahrscheinlichen, antizipativen Vorgehen der an der Verfassung Arbeitenden war zwar davon auszugehen, dass diese sich an den von den Westalliierten national gewährten Rechten zumindest grob orientieren würden (*Hufen* 1999, S. 1506), dies ist allerdings nicht aus den Dokumenten zu entnehmen. *Günther* 2004, S. 78f. stellt weitgehend freie Entscheidungen für die Gestaltung der Freiheiten und Rechte fest, *Weber-Fas* 2002, S. 35 macht darin den verfassungsrechtlichen Entwicklungsstand vor der Zeit des Nationalsozialismus aus.

66 *di Fabio* 2011, S. 4; *Stolleis* 2014, S. 130 konstatiert eine Stunde Null für das geistige Leben; *Hesse* 1990, S. 3f. relativiert, dass der Parlamentarische Rat nicht über den Grad an Gestaltungsfreiheit verfügte, wie die Nationalversammlungen von 1848 und 1919. Dennoch zurückblickend: „[…] hat das Grundgesetz jedoch mehr an Neuem geschaffen und ermöglicht, als die Kritik wahrhaben will, die ihm einen restaurierenden Grundzug vorwirft.“ (a.a.O., S. 4). Es ist hier auch auf das Selbstverständnis hinzuweisen, das mitunter bei den Mitgliedern ausgemacht werden kann. So stellt z.B. Zinn fest: „[…] das Recht der Selbstbestimmung, das wir ja in Anspruch nehmen, indem wir dieses Grundgesetz ausarbeiten, [ist] ein Recht […], das […] wir nicht etwa nur ausüben, weil wir dazu durch die Militärgouverneure aufgefordert werden.“ (*AD ParlR,* V. Nr. 8, S. 156).

67 Von den zuvor gemachten Aussagen abzuheben ist das tatsächliche Verhältnis zwischen dem Deutschland des Grundgesetzes und den Besatzungsmächten, wie u.a. bei von Mangoldt a.a.O., V. Nr. 27, S. 568f. deutlich wird: „Wir sind uns genau bewußt gewesen, daß wir nicht so können wie wir wollen, wenn wir auch ein freies Grundgesetz machen.“ Ohne Frage ist allerdings, dass die Alliierten in Bereichen außerhalb der Grundrechte mitunter erheblichen Einfluss ausübten (z.B. das Memorandum vom 22. November 1948, s. a.a.O., VIII. Nr. 18, S. 37ff.; Nr. 27, S. 61ff. (Aussparung der angesprochenen kulturellen Fragen)) und die Alliierten deshalb auch die schließlich gefundene Fassung des Grundgesetzes mit zu verantworten haben (*Feldkamp* 1996, S. LXII).

68 Dazu u.a. *Stammen/Maier* 1979, S.382ff., sie weisen insbesondere auch auf die weltpolitische Polarisierung zwischen den USA und der Sowjetunion hin. Gleichzeitig gab es in der Literatur auch Kräfte, die sich explizit gegen die Gestaltung und Fundierung bestehender westlicher Regierungen wandten und eine davon abweichende, genuin ‚deutsche‘ Konzeption anmahnten

Situation eines möglichen Neuanfangs kann und muss auf bereits Bekanntes rekurriert werden: Nicht außer Acht bleiben darf deshalb die persönliche Prägung[69] der am Erstellungsprozess beteiligten Persönlichkeiten, deren Erfahrung[70] und Wissen. Sie alle verfügen über eine individuelle Vorprägung, über eine mehr oder weniger einschlägige (Aus-)Bildung, die einen potentiellen Einfluss auf das zu erarbeitende Verfassungsdokument gehabt haben könnten. Auf die Diskutanten des Grundsatzausschusses und deren Vorprägung wird deshalb im Laufe dieses Kapitels allgemein und im Anhang 1 (s.u.) konkret eingegangen. Darüber hinaus werden in einem zweiten Anhang für die rekonstruierte Diskussion wichtige Persönlichkeiten vorgestellt, die keine ordentlichen Mitglieder des Grundsatzausschusses waren. Eine Lektüre der kurzen Biographieskizzen ist für das breitere Verständnis der vorliegenden Arbeit empfehlenswert.

Zudem standen die Gespräche auch außerhalb des offiziellen Rahmens[71] quasi jederzeit unter Beobachtung der Alliierten – so zum Beispiel durch Verbindungsbeauftragte, die, sowie überhaupt die alliierten Besatzungsmächte, ebenfalls einen gewissen Einfluss auf das Gremium auszuüben vermochten.[72] Dieses Einflusses der Besatzungsmächte war man sich bei den Verhandlungen allerdings stets bewusst.[73]

(siehe z.B. *Hippel* 1949, S. 82f.). Siehe auch *Oberreuter* 1999, S. 12 und zu den ‚Lobbyisten' (IHK, Kirchen etc.) *Feldkamp* 1999, S 25f.).

69 Auch wenn Pfeiffer und Schmid dafür plädierten, dass die Mitglieder des Ausschusses befreit von Bindungen jeglicher Art mitarbeiten sollen (*AD ParlR,* V. Nr. 2, S. 12). Schmid untermauerte dies, wie er es häufiger im Umfeld des Parlamentarischen Rates tat (*Pikart/Werner* 1993, S. XXII) mit der schwäbischen Redewendung: „Was geht mich mein saudumms Geschwätz von gestern an!" (*AD ParlR,* V. Nr. 2, S. 12).

70 Zur Erfahrung ist auch das Erleben des untergegangenen Dritten Reiches mit den Verbrechen der Nationalsozialisten zu zählen, dazu u.a. *Pikart/Werner* 1993, S. XXIff.; auch *Fromme* 1960, S. 10f. oder *Hesse* 1990, S. 3f. Diese nahe Erfahrung ist auch in der späteren Auseinandersetzung mit dem Grundgesetz herauszulesen, als Beispiel sei lediglich *Hubmann* 1965, S. 37ff. genannt.

71 Nicht nur die offiziellen Gespräche standen unter Beobachtung. Auch die Cocktailparties etc. wurden durch die Alliierten genutzt, ein umfassendes Bild über den Fortgang der Verhandlungen und über die deutschen Bestrebungen zu erhalten (*Morsey* 1989, S. 477). Mitunter wurden Informationen von alkoholisierten Abgeordneten gewonnen (*Feldkamp* 1996, S. XXVIf.).

72 Die Alliierten verfügten in ihrer Position über das, was *Patzelt* 2013, S. 40f. als antizipierte Macht bezeichnet, also Macht, die nicht erst durch ihre reale Anwendung (z.B. einen konkreten Eingriff der Alliierten) Wirkung entfaltet, sondern durch ihre bloße Antizipation durch die Verantwortungsträger des Parlamentarischen Rates.

73 Dazu u.a. z.B. *Feldkamp* 1996, S. VIIIff.; *Lange* 1993, S. 46ff. Dazu auch die Ausführungen nach dem Memorandum vom 5. April 1949 (z.B. *AD ParlR*, XIV. Nr. 55, S. 1753). Allerdings waren sich die Mitglieder auch der nicht unerheblichen Freiheiten bewusst, die die Alliierten einräumten (z.B. Heuss, a.a.O., V. Nr. 9, S. 217). Am Rande bemerkt sei, dass die einzelnen

Lange beschreibt treffend: „Schließlich sahen sich die eigentlichen Verlierer des Zweiten Weltkrieges [...] genötigt, ihre Verfassungsordnungen [...] überdies auch den spezifischen Bedürfnissen der jeweiligen Besatzungsmächte [entsprechend zu gestalten].“[74] Schließlich waren es auch die Alliierten, die am Ende den Verfassungsentwurf genehmigten.[75]

Daneben stehen ferner auch die ausländischen, westlichen demokratischen Verfassungen, die zu diesem Zeitpunkt bestanden[76] oder bereits zuvor bestanden hatten.[77] Zudem hatten die Länder mitunter schon neue Verfassungen erarbeitet.[78] Auch sie können als potentielle Einflussfaktoren gewertet werden, ohne ihren tatsächlichen Einfluss zu betrachten.[79] Die Liste von Einflussmöglichkeiten ist vielfältig, dennoch verfügte der Parlamentarische Rat grundsätzlich über breite Freiräume bei der Gestaltung des neuen Verfassungswerkes.

Besatzungsmächte getrennte Büros zur Beobachtung der Arbeit am Grundgesetz unterhielten (*Feldkamp* 1996, S. XVI). Eine Chronologie der Eingriffe der Alliierten findet sich bei *Feldkamp* 1999, S. 26ff.

74 *Lange* 1979, S. 383f.

75 *Feldkamp* 1999, S. 18.

76 Zum Beispiel wurden auf dem Verfassungskonvent von Herrenchiemsee, dessen Ergebnis die Grundlage der Arbeit an den Grundrechten des Parlamentarischen Rates darstellt, unter anderen die Verfassungen der Schweiz, Frankreichs oder der USA vorgestellt (*Wilms* 1999, S. 101). Die französische Verfassung bisweilen auch als negatives Beispiel (*Fromme* 1960, S. 14f.). *Streatling* 1998, S. 40f. weist auf Grundrechtserklärungen – auch gerade in den Staaten des Westens – als Zeitströmung hin. *Stern* 1993, S. 19 erkennt Einflüsse der nach 1800 geschriebenen Verfassungen.

77 Insbesondere sollte die Weimarer Verfassung zur Identifizierung von Schwachstellen als Negativbeispiel hinzugezogen werden (dazu z.B. *Otto* 1971, S. 40; *Menger* 1993, S. 204f., *Streatling* 1989, S. 30ff. und *Hesse* 1990, S. 4). *Ipsen* 1974, S. 290 verweist auf ein Anknüpfen an die Weimarer und Frankfurter Verfassungsdokumente.

78 Frühe Beispiele sind die Landesverfassungen von Hessen (1. Dezember 1946) oder Bayern (2. Dezember 1946), es bestanden aber auch schon Verfassungen in Bremen, Württemberg-Baden, Baden, Rheinland-Pfalz und Württemberg-Hohenzollern (*Rosenbaum* 1972, S. 351). Bereits vor 1948 bestehende Nachkriegsverfassungen enthielten ebenso nun Grundrechte und die Menschenwürde (*Eckert* 2002, S. 53ff.)

79 *Lange* 1979, S. 383 stellt dazu fest, dass es zu dieser Zeit zu einer Masse neuer Verfassungen kam und dies nicht nur durch den Untergang faschistischer und nationalsozialistischer Regime bedingt war, sondern z.B. auch durch die Unabhängigkeit von Kolonien etc.; *Häberle* 2010, S. VII stellt allgemein fest, dass im Parlamentarischen Rat eine weitreichende Kenntnis früherer deutscher Verfassungen und anderer bestehender Verfassungen gegeben war. *Rosenbaum* 1972, S. 116 macht einen nicht unerheblichen Einfluss der bestehenden Landesverfassungen aus.

Eine weitere mögliche Einflussgröße versuchte das Gremium – folgt man der Literatur – soweit möglich außen vor zu lassen, nämlich die Öffentlichkeit; diese Darstellungsweise bedarf allerdings der kritischen Überprüfung (s.u. VI.3.b.).[80] Als diese mögliche Haltung jedoch begünstigend muss das sehr zurückhaltende Interesse der Medien an der Berichterstattung über den Parlamentarischen Rat eingeordnet werden.[81]

---

80 Dazu *Lange* 1979, insb. S. 391; erst drei Wochen nach der Eröffnung des Parlamentarischen Rates wurde die Figur regelmäßiger Pressekonferenzen eingeführt (a.a.O.; dazu auch *AD ParlR*, X. Teil B, Nr. 4, S. 182f.), auch war man wenig an den Zuschriften aus der Bevölkerung interessiert (*Lange* 1979, S. 389; allerdings fanden Eingaben im Grundsatzausschuss Behandlung z.B. *AD ParlR*, V. Nr. 7, 146f.; Nr. 20, S.414ff.; Nr. 22, S. 472ff. – der Grundsatzausschuss forcierte gar Reaktionen der Bevölkerung bspw. a.a.O., XI. Nr. 2, S. 9). Nicht unbedeutend für die öffentlichkeitskritische Haltung des Gremiums müssen auch die Erfahrungen der damals jüngeren Vergangenheit angesehen werden (*Lange* 1979, S. 388f., auch z.B. *AD ParlR*, X. Teil A Nr. 23, S. 79ff. Fn. 38; eine öffentlichkeitskritische Haltung kann allerdings nicht uneingeschränkt angenommen werden, so die Haltung der SPD im Oktober 1948 und die implizite Zustimmung der CDU/CSU-Fraktion, siehe *AD ParlR*, XI. Nr. 2, S. 8f.; IX. Nr. 6, S. 179; *Fr. Prot CDU/CSU*, Nr. 16, S. 75ff., insb. S. 78; siehe auch a.a.O., Nr. 65, S. 283), daneben auch der CDU/CSU explizit (dazu z.B. a.a.O., Nr. 92, S. 359). Selbstverständlich gab es aber auch der Literatur nach einige Ratsmitglieder, die gegenläufig handelten (*Lange* 1979, S. 388f.). Die Einschätzung der Öffentlichkeitsferne wird geteilt z.B. von *Fromme* 1960, S. 8. Immerhin wurden 50 Arbeitsplätze am Sitzungsort geschaffen (*Morsey* 1989, S. 471). Dass allerdings der Einfluss Auswirkungen auf die inhaltliche Gestaltung hatte, wird zum Beispiel bei der Gestaltung der Präambel deutlich (bspw. *AD ParlR*, XIV. Nr. 26, S. 765ff., aber auch in anderen Bereichen, siehe z.B. *Fr. Prot CDU/CSU*, Nr. 22, S. 118; *AD ParlR* XIV. Nr. 51, S. 1654; Presseeinfluss auf die Arbeit allgemein z.B. a.a.O., X. Teil A Nr. 19, S. 50; X. Teil A Nr. 30, S. 105 oder bereits davor beim Konvent auf Herrenchiemsee, siehe z.B. *Bauer-Kirsch* 2002, S. 230, S. 234f., S. 240f.). Insgesamt muss hier festgestellt werden, dass der Verfasser der Ansicht ist, dass das Verhältnis des Parlamentarischen Rates zur Öffentlichkeit einer gesonderten Prüfung zu unterziehen ist – hier allerdings wird der Literatur folgend weiter die Öffentlichkeit als Einflussfaktor außen vor gehalten.

81 In der Presseberichterstattung hatte z.B. der Wirtschaftsrat in Frankfurt eine ungleich höhere Aufmerksamkeit, die Berichterstattung über die Entstehung über das Grundgesetz („Zeitvertreib für Historiker und Staatsrechtler") glich dagegen mehr der Sportberichterstattung (*Lange* 1979, S. 391ff.). A.a.O., S. 383 weist aber auch auf den fehlenden Glauben der Bevölkerung in Verfassungsdokumente hin, gar fehlendes Interesse (a.a.O., S. 397), dagegen bestand ein Interesse an Export ankurbelnden Maßnahmen (a.a.O., S. 392f.). In der Gesamtsicht überstieg in der Breite das Interesse an der Sicherung der materiellen Existenz jenes an weitreichenden Grund- und Freiheitsrechten (a.a.O., S. 402f.). Indes verzichteten auch die Parteien auf entsprechende breit angelegte Presse- und Öffentlichkeitsarbeit, so z.B. die SPD (*Altendorf* 1979, S. 408). Gleichzeitig war z.B. der Grundsatzausschuss dennoch darauf bedacht, pressekonferenztaugliche Informationen zum Fortschritt seiner Arbeit bereitzustellen und offensichtlichen Dissens in der Außenwirkung zu vermeiden (z.B. deutlich *AD ParlR*, V. Nr. 5, S. 86).

Der Arbeit des Parlamentarischen Rates 1948 vorgelagert war der sogenannte ‚Verfassungskonvent auf Herrenchiemsee'. Der Charakter dieses Konvents und seiner Ergebnisse war, in Bezug auf den Parlamentarischen Rat, nicht unumstritten. Es forderten unter anderen das von der CSU regierte Bayern, aber zunächst auch die CDU, das Ergebnis als eine Art Regierungsvorlage von den Ministerpräsidenten vor dem Parlamentarischen Rat vertreten zu lassen, wogegen sich die vor allem von der SPD regierten norddeutschen Länder wandten.[82]

Schlussendlich kam dem Ergebnis des Konvents, formal, im Parlamentarischen Rat nicht mehr als der Charakter eines einfachen Berichts – einer, wie der Konvent sich selbst betrachtete, wissenschaftlichen Studiengesellschaft[83] – zu.[84] Es wurden vier Berichterstatter ausgewählt, die auch die strittigen Punkte als solche darzustellen hatten. Der tatsächliche Vortrag sei – so Erhard Lange[85] – allerdings dann durch persönliche Ansichten geprägt gewesen.[86] Aber auch der Konvent stand unter der, zuvor beschriebenen Möglichkeit eines verfassungsrechtlichen Neuanfangs[87] und ist davon unabhängig als Einflussgröße nicht zu vernachlässigen, wenngleich vehement zu betonen ist, dass dieses Gremium keine bindenden politischen (Vor-)Entscheidungen

82 Nicht nur die CSU sondern auch die CDU schien ursprünglich dem Herrenchiemseer Entwurf mehr Bedeutung zuzumessen. In der Fraktionssitzung vom 28. September 1948 erklärt allerdings von Mangoldt, dass es schon beim ersten Artikel aufgrund vieler Bedenken nicht möglich war, sich an den Entwurf zu halten (*Fr. Prot. CDU/CSU* Nr. 7, S. 30f.) – tatsächlich sollte es auch bei den Folgeartikeln nicht anders sein (z.B. *AD ParlR*, V. Nr. 5, S. 75; Nr. 7, S. 118 (an letzterer Stelle geht es insbesondere um die Anordnung der Grundrechtsartikel)).

83 Selbstdarstellung des Konvents (dazu *Bauer-Kirsch* 2002, S. 229).

84 *Gallwas* 1999, S 89f., *Lange* 1993, S. 11ff.; dieser nicht bindende Charakter mag auch an der ausdrücklichen Distanzierung des Parlamentarischen Rates von den Ministerpräsidenten deutlich werden (a.a.O., S. 16; *Morsey* 1989, S. 474). Diese Qualifizierung – zunächst nur als Bericht – wird auch bei *Lange* 1993, S. 19ff. deutlich.

85 Dazu siehe *Lange* 1993, S. 19ff.

86 Dieser Umstand zeigt allerdings einen möglichen informalen Einfluss durch die entsprechenden Mitglieder auf, ändert jedoch nichts am offiziellen Charakter als bloßer Bericht (s. dazu *AD ParlR*, IX. Nr. 2 S. 20ff. – man achte insb. auf die ‚Ich-Formulierungen'). Auch ein Interesse an der Unverbindlichkeit der Herrenchiemseer Beschlüsse zeigten die Parteien und insbesondere ihre Eliten (*Oberreuter* 1999, S. 11f., 17).

87 Dazu *Bauer-Kirsch* 2005, S. 64f., 195; allerdings waren auch auf Herrenchiemsee Besatzungsmächte präsent und mit den Mitgliedern im Gespräch (*Wengst* 1999, S. 51).

treffen konnte.[88] Es ist der Chiemseer Vorentwurf wohl dennoch der wirkmächtigste Vorentwurf.[89]

Die letzte anzusprechende Einflussgröße sind die Ministerpräsidenten. Sie bekamen zunächst von den Alliierten eine sehr starke Rolle in der deutschen Nachkriegsordnung zugesprochen.[90] Der tatsächliche Einfluss auf die Arbeit des Parlamentarischen Rates war in vielen Fällen aber gering einzuschätzen, insbesondere aber Bayern stellte hier abermals eine Ausnahme dar.[91]

Festzuhalten ist eine Ausgangssituation, die einerseits den Mitgliedern des Parlamentarischen Rates eine weitgehende Freiheit bei der Gestaltung der Grundrechte einräumte, die Möglichkeit eines Neuanfangs bot und die aber andererseits gleichzeitig von einem vielfältigen Einflusspotential geprägt war. Eine Vielzahl von Interessen

88 Zur Einflussgröße *Bauer-Kirsch* 2005, S. 196f. (dabei sind auch die Politiker in den Blick zunehmen, die in beiden Gremien Mitglied waren, so z.B. Carlo Schmid und Adolf Süsterhenn – es ist vom tatsächlichen Einfluss an dieser Stelle zu abstrahieren), zum Nichtvorhandensein einer verbindlichen politischen Entscheidung a.a.O. S. 195f., 199; *Gallwas* 1999, S 89f. Die Parteispitzen von CDU und SPD sahen die Ergebnisse ebenfalls lediglich als wertvolle Materialsammlung (*Wengst* 1999, S. 48f.; *Bucher* 1981, S. CXXf.) und auch unter den Ministerpräsidenten war die Ansicht verbreitet, dass es sich lediglich um eine Materialsammlung handelt (*Wengst* 1999, S. 49). Der eigene Anspruch war allerdings ein anderer (*Weber* 1999, S. 69; *Gallwas* 1999, S. 87), wenngleich es am Ende nur ein von den Ministerpräsidenten initiiertes privates Treffen von Experten darstellte und so auch behandelt wurde (*Gallwas* 1999, S. 85f.). Deshalb kann es wohl auch als wirkmächtigstes vorgelagertes Entwurfsdokument gelten.

89 Daneben bestanden allerdings noch eine Reihe weitere Dokumente, so zum Beispiel der „Ellwanger Entwurf“ der CDU/CSU oder die Denkschrift „Der Zonenbeirat zur Verfassungspolitik“ (siehe *von Doemming/Füsslein/Matz* 1951, S. 3f.) Der Abgeordnete Strauß nennt retrospektiv noch zudem den Entwurf der DP und den des Abgeordneten Menzel (*Strauß* 1966, S. 350). Einen Überblick über Vorentwürfe der Parteien gibt *Bermanseder* 1998, S. 43ff.

90 *Mühlhausen* 1991, S. 7ff.

91 *Straetling* 1989, S. 25f. macht auf den nicht unbeträchtlichen Einfluss der Ministerpräsidenten auf einzelne gewichtige Mitglieder des Parlamentarischen Rates aufmerksam. *Morsey* 1989, S. 475 relativiert, dass in der Breite – mit der Ausnahme Bayerns – ein solcher Durchgriff nicht in bedeutendem Ausmaß gegeben war. Ähnlich *Altendorf* 1979, S. 414. Zur selbstbewussten Selbstdarstellung z.B. *Bauer-Kirsch* 2002, S. 254ff.

und Interessensvertretern wollten und konnten bisweilen Einfluss auf die Abgeordneten[92] und die Arbeit des Parlamentarischen Rates nehmen.[93] Dessen sollte man sich bei der Auseinandersetzung mit der Arbeit dieses Gremiums stets bewusst sein.

92 *Bermanseder* 1998, S. 21 Fn. 14 ist der kuriosen Ansicht, dass es sich bei den Abgeordneten des Parlamentarischen Rates, strenggenommen nicht um Abgeordnete gehandelt habe, da sie nicht persönlich in allgemeiner, unmittelbarer, freier, gleicher und geheimer Wahl gewählt gewesen seien. Diese Annahme vernachlässigt den Umstand, dass der Parlamentarische Rat in einer vor- respektive zwischenkonstitutionellen Phase tagte und es sich bei den Mitgliedern des Parlamentarischen Rates, folgt man dem bloßen Wortsinn, um Abgeordnete der gewählten Landesparlamente handelte.

93 Eine Ansicht die *Bermanseder* 1998, S. 29 teilt.

d. Potentieller Nährboden – die Renaissance des Naturrechts als Reaktion

Mit Blick auf das Vorhaben dieser Arbeit ist eine Grundströmung, die sich in der juristischen Nachkriegsliteratur offenbart, ebenfalls – als solche[94] – als potentiell beeinflussend einzuordnen, nämlich die Renaissance des Naturrechts.[95]

Nicht nur Philosophen und Theologen, sondern auch die Juristen[96] besannen sich auf das Naturrecht, um die mit dem Zusammenbruch des Nationalsozialismus aufgekommene „Krise des Rechts"[97] oder stärker die Bestürzung über die „Pervertierung des Rechts"[98] und das „Versagen der Justiz"[99] zu überwinden; so erschienen bereits kurz nach dem Kriegsende erste in diese Richtung weisende Schriften.[100] Rosenbaum stellt dazu fest, dass die Rechtsprechung vor der Einführung des Grundgesetzes ein sehr uneinheitliches Bild zwischen rechtspositivistisch und naturrechtlich fundiert

---

94 Unbestritten ist, dass auch diese eine Reaktion auf die direkt vorausgegangene deutsche Geschichte ist (illustriert z.B. *Foljanty* 2013, S. 1f.; die sich im Rahmen einer rechtshistorischen Dissertation mit der Naturrechtsdebatte auseinandersetzt oder *Stolleis* 2014, S. 132f.; *Schwab* 2011, S. 230ff.; *Alwart* 1990, S. 473) und damit mittelbar ebenfalls aus Erlebnissen und Vorprägungen resultiert. Diese Renaissance ist indes schon ein bestehendes Ergebnis, auf welches eben in der Diskussion um die Verfassung zurückgegriffen werden kann.

95 Die Entwicklungen in der Literatur bezeichnen als „Renaissance" unter anderen früh z.B. *Brill* 1948, S. 55, mit etwas Abstand *Würtenberger* 1955, S. 1, dann *Rosenbaum* 1972, S. 106, aktuell z.B. bei *Foljanty* 2013, S. 2 oder *Kirste* 2012, § 204, Rn. 33 oder *Herdegen* 2007, S. 137. Dasselbe Phänomen wird daneben auch mit der Begrifflichkeit „Widerkehr des Naturrechts" benannt, z.B. bei *Schneider* 1956, S. 98 oder *Müller* 1967, S. 13 insbesondere unter expliziter Berufung auf den Titel des Werkes „Die ewige Wiederkehr des Naturrechts" von Heinrich *Rommen*, das 1947 in einer zweiten Auflage erschien. Darüber hinaus gibt es diverse weitere Umschreibungen wie exemplarische „Wiederbelebung" z.B. bei *Kern* 1949, S. 241, „Wiederherstellung" bei *Maier* 1973, S. 42 oder als „Wiederentdeckung" bei *Schwab* 2011, S. 230. Allen gemeinsam ist die Umschreibung, dass etwas, das maximal zu einer Randerscheinung verkommen war, wieder in das Zentrum des Interesses gerückt wurde.

96 *Schwab* 2011, S. 230 schreibt dazu verdeutlichend: „Man kann drastisch sagen: Die Rechtsgelehrten stürzten sich geradezu auf das Naturrecht." Die Staatsrechtslehre beispielsweise sah sich mitunter selbst in Verruf gebracht und bedurfte deshalb der Rehabilitation (dazu *Günther* 2004, insb. S. 68f.). An dieser Stelle muss insbesondere auch Hans Nawiasky Erwähnung finden, der nicht nur eine bedeutende Rolle in der Wiederbelebung des Naturrechtsdenkens in den Rechtswissenschaften eingenommen hatte, sondern auch aktiv am politischen, verfassungsgebenden Nachkriegshandeln teilgenommen hatte, so im Kontext der Bayrischen Landesverfassung und des Verfassungskonvents vom Herrenchiemsee (dazu *Zacher* 1971, S. 477ff., insb. S. 482, 495ff.).

97 *Foljanty* 2013, S. 331.

98 a.a.O., S. 19.

99 *Rosenbaum* 1972, S. 106f.; dazu auch Fn. 96.

100 *Foljanty* 2013, S. 331, 338, 341f.; die Aufzählung der Theologie, Philosophie und Jurisprudenz findet sich die Naturrechtsrenaissance betreffend bei *Coing* 1947, S. 9.

zeichnete, während die Rechtslehre mehrheitlich naturrechtlich beeinflusst gewesen sei.[101] Daneben entfaltete das Naturrecht auch in politischen Prozessen Auswirkungen.[102] In die Landesverfassung des Landes Rheinland-Pfalz fand das Naturrecht 1947 gar namentlich Eingang.[103] Diese Verankerung von katholischem Naturrecht kann als Ergebnis der Bemühungen insbesondere Adolf Süsterhenns bezeichnet werden; eine Persönlichkeit, die im weiteren Verlauf der Arbeit immer wieder eine relevante Rolle spielen wird.[104]

Die Krise des Rechts rührte – wie die Rechtshistorikerin Lena Foljanty bemerkte – auch daher, dass die „Verbrechen […] im Nationalsozialismus gerade auch im N a m e n d e s R e c h t s und d u r c h G e r i c h t e verübt worden [waren].“[105] Die Haltung ‚Gesetz ist Gesetz‘ wurde als Beförderin von Verbrechen auf Grundlage des Nationalsozialismus eingeordnet.[106] Der Neuzeithistoriker Frieder Günther führt aus, dass speziell die amerikanische Besatzungsmacht als eine der Initiatoren dieser Naturrechtsrenaissance gelten muss.[107] Allerdings waren die Kreise und Orte der Naturrechtsdiskussion divers und mitunter auch voneinander isoliert.[108]

---

101 *Rosenbaum* 1972, S. 116; gerade die Rechtsprechung zu Verbrechen aus der Zeit des Nationalsozialismus wurde mitunter auf dem Naturrecht begründet (a.a.O., S. 124).

102 a.a.O., S. 108ff. weist auf die Programmatiken der christlichen Parteien, die Diskussionen im Kontext des Grundgesetzes (a.a.O., S. 116) oder die Erstellung der Landesverfassungen (a.a.O., S. 119f.) hin.

103 Siehe dazu Art. 1 Abs. 3 („Die Rechte und Pflichten der öffentlichen Gewalt werden durch die naturrechtlich bestimmten Erfordernisse des Gemeinwohls begründet und begrenzt“) der Landesverfassung Rheinland-Pfalz.

104 *Isensee* 2014, S. 60f. nennt diese Verfassungsbestimmung ein Kind Süsterhenns (1905–1974) – promovierter Jurist, ebenfalls Mitglied des Parlamentarischen Rates und des Verfassungskonvents auf Herrenchiemsee (*Uertz* 2008, S. 355) – und legt eine intendierte Fundierung im Bereich der katholischen Naturrechts- und Soziallehre (Cathrein/Pesch) nahe (*Kreß* 2015, S. 152; *Isensee* 2014, S. 61, Fn. 124). *Uertz* 2008, S. 355 nennt Süsterhenn einen „prononcierte[n] Vertreter des Naturrechtsdenkens“ und unterstützt mit seiner Darstellung das Bild des Befürworters der katholischen Naturrechtslehre (a.a.O., S. 362ff.). Siehe zu Süsterhenn auch Anhang 2 (4).

105 *Foljanty* 2013, S. 2; Hervorhebungen LCG; als Reaktion auf den Nationalsozialismus, z.B. auch bei *Herdegen* 2007, S. 137.

106 a.a.O., S. 19. Es sei an dieser Stelle u.a. auf *Radbruch* 1946, S. 105 verwiesen, ein Artikel besonderer Prominenz (so auch klassifiziert bei *Schwab* 2011, S. 231), da diesem auch die erste publizierte Fassung der sogenannten Radbruchschen Formel entspringt (zu Radbruch s.u. Fn. 303).

107 *Günther* 2004, S. 57f.

108 *Foljanty* 2013, S. 332.

Auf zwei Erkenntnisse Foljantys sei an dieser Stelle – die Renaissance einordnend – hingewiesen: Zum einen arbeitet sie heraus, dass es sich, in Anlehnung an Bernd Rüthers[109] bei der Naturrechtsliteratur der Nachkriegszeit um sogenannte Wendeliteratur handelte, also Literatur, die eine lenkende Wirkung entfalten sollte.[110] Die andere Erkenntnis betrifft die Wahrnehmung des „Feindbildes Positivismus". So wurde mitunter in den, Naturrecht propagierenden Schriften verkürzt von dem Positivismus ausgegangen und dabei dessen Ausprägungen und Nuancen[111] vernachlässigt. Zudem wurde zwar im Rahmen der naturrechtlichen Ausarbeitungen meist kurz Kritik am Positivismus geübt, jedoch auf einen anscheinend herrschenden Konsens im Bereich der Positivismuskritik zurückgegriffen, wodurch diese zumeist eine Randposition einnahm und zur Einordnung in ein Gut-Böse-Schema diente.[112] Foljanty fasst dieses Phänomen der Nachkriegspositivismuserzählung unter „Strohmann-Positivismus" zusammen, der zum Kern hat, dass „das, was eine Rechtslehre als ‚positivistisch' charakterisiert, […] nicht eindeutig definiert [war]."[113]

---

109 Bernd Rüthers (* 1930), deutscher Richter, Zivilrechtler und Rechtstheoretiker, Professor in Berlin und Konstanz.

110 *Foljanty* 2013, S. 5f.; Anzeichen dafür sieht Foljanty in den schnell verfassten Schriften, die mit kaum oder gar keinen Referenzen (z.B. *Zorn* 1956, S. 413ff. [LCG]) auskommen, in den Emotionen, die darin zum Ausdruck kommen, in der pathetischen (z.B. *Hippel* 1966, S. 35ff. [LCG]), metaphernreichen Sprache (solche ist u.a. bei *Schmid* 1946 zu finden [LCG]). Wendeliteratur füllt den Zeitraum zwischen Umbruch und Restabilisierung. Dies findet dann auch im Abebben der Naturrechtswelle, welches Ende der 1950-Jahre einsetzt (siehe dazu z.B. *Schneider* 1956, S. 98ff. und *Müller* 1967, S. 13ff. sowie *Hufen* 1999, S. 1508), ein Ende. Folgt man Günther, so bilden sich die Fraktionen innerhalb der Staatsrechtslehre stabil erst nach 1949 heraus – es kann also im Umkehrschluss von einer staatsrechtlichen Orientierungsphase gesprochen werden (*Günther* 2004, S. 93ff.).

111 Zur Unterscheidung verschiedener rechtspositivistischer Positionen und ihrem Verhältnis zur Ethik siehe *Fischer* 2007, S. 171ff. Dieser macht dort auf das mitunter immer noch bestehende Missverständnis des Rechtspositivismus und dessen Ausprägungen aufmerksam.

112 *Foljanty* 2013, S. 20ff., sie diagnostiziert dabei vier Ausprägungen der Positivismuskritik, wobei die ersten drei in Verbindung zum Nationalsozialismus stehen, nämlich die Kritik an den arglos Gesetzestreuen (1; a.a.O., S. 25ff.), am „Staatsabsolutismus" und „Geltungspositivismus", als ein Garant für einen starken Staat (2; a.a.O., S. 27ff.) sowie die Kritik am „Naturalismus" und der Politisierung des Rechts, die vor allem in der katholischen Literatur beheimatet war (3; a.a.O., S. 29ff.). Der vierte Kritiktyp blamiert den Positivismus als „formalistisch" und „relativistisch" (a.a.O., S. 31ff.). Eine solche kurze ‚Strohmann'-Positivismuskritik stellt z.B. *Hippel* 1949, S. 81 oder *Bachof* 2014 [1947], S. 2f. voran. Ein bemerkenswerter, für diese Zeit seltener Beitrag stammt hier von Hermann L. *Brill* 1948, S. 54ff., in dem er gegen den Rückgriff auf Naturrecht plädiert und u.a. auch die Errungenschaften Hans Kelsens ins Spiel bringt (über Kelsen als Randerscheinung in dieser Zeit in der BRD z.B. *Stolleis* 2014, S. 163).

113 *Foljanty* 2013, S. 35.

Dieser Strohmann-Positivismus diente also dazu, das Alte als das ‚Böse' hinter sich zulassen und ihm etwas Neues, respektive etwas Wiederentdecktes als etwas ‚Gutes' entgegenzustellen. Horst Dreier bemerkt hierzu in Rekurs auf Rüthers und Stolleis, dass der Rechtspositivismus entgegen der „[…] zählebigen Legende weder Steigbügelhalter für den Weg in den totalitären Staat noch im NS-Regime ein willfähriger und maßgeblicher Handlanger der Machthaber [war]."[114]

Die Umschreibungen Renaissance des Naturrechts oder Wiederkehr des Naturrechts sind ähnlich wie der Begriff der zuvor behandelten ‚Stunde Null' irreführend, vermitteln zumindest dem Laien[115] den Eindruck, dass es ein Naturrecht gegeben hätte, das in den Fokus zurückgekehrt wäre. Dem ist, wie in der Hinführung bereits angedeutet, nicht so.[116]

Otto Bachof illustriert die Ausgangssituation nach dem Krieg mit der Feststellung: „Angesichts der übergroßen Mannigfaltigkeit von Naturrechtslehren allein im Vorlauf der abendländischen Geschichte ist nicht möglich, hier auch nur einen annähernden Überblick über ihre Gehalte und wechselseitigen Beziehungen zu geben."[117] Auch die Ausführungen Weinkauffs, der die Auffassung vertrat, dass sich die Lehren

---

114 *Dreier* 2007, S. 137f.; diese Ansicht wird z.B. auch von *Rosenbaum* 1972, S. 107 vertreten.

115 Verstärkt wird ein solches Bild auch durch Aufsätze wie z.B. von *Murphy* 2005, S. 15ff., der die Naturrechtstheorie vermitteln soll, indes fast ausschließlich Thomas von Aquin zum Inhalt hat. Aber insbesondere bezeichnend sind auch die Titel der naturrechtlichen Auseinandersetzungen der Nachkriegszeit, die suggerieren es gäbe das Naturrecht als solches z.B.: „Die obersten Grundsätze des Rechts. Ein Versuch zur Neugründung des Naturrechts" (*Coing* 1947); „Die Bedeutung des Naturrechts für Gesetzgebung und Verwaltung" (*Kern* 1949); „Das Problem der Naturrechtslehre" (*Wolf* 1964 [1955]); „Elemente des Naturrechts" (*Hippel* 1969) [Hervorhebungen LCG].

116 *Dreier* 2007, S. 128 erklärt: „Man übertreibt ja nicht mit der Feststellung, dass im Grunde genommen fast die gesamte Geschichte des rechtsphilosophischen Denkens eine Geschichte naturrechtlicher Lehren war. Dies hängt vor allem mit der Wandlungsfähigkeit, Modifikationsbedürftigkeit und Uneindeutigkeit des Naturrechtsbegriffs zusammen." [Hervorhebung LCG].

117 *Bachof* 2014 [1947], S.4; auch *Foljanty* 2013, S. 14ff. sieht diese Vielstimmigkeit bei diversen Gleichklängen in der Naturrechtsdebatte in der Nachkriegszeit. *Hufen* 1999, S. 1506 lässt diese Diversität der Naturrechtströmungen anklingen.

zu einer großen Konfession zusammenfanden, mögen nicht befriedigen und vermitteln ein falsches Bild.[118] Der Kern, der den Naturrechtsverfechtern schließlich gemeinsam ist, ist das Gegebensein von ‚Recht', das unabhängig vom menschlichen (Verfassungs-)Gesetzgeber besteht.[119]

Die Grundlage der Renaissance ist schließlich das durch die Polarität von Rechtspositivismus und Naturrecht erzeugte Spannungsfeld.[120] Es beruht auf der Entwicklung des Rechtspositivismus als rechtstheoretische Figur, denn so erklärt der U.S.-amerikanische Rechtsphilosoph Mark C. Murphy: „Legal positivism has defined itself by setting itself in contrast with natural law."[121] Die Komplexität der Diskussion befördernd wirkt zudem die im Naturrecht gegebene Vielstimmigkeit, ebenso wie diese im Rechtspositivismus.[122]

118 *Weinkauff* 1960, S. 1696; dass die Wahrnehmung, respektive Darstellung gegenüber Dritten, vom dem Naturrecht bisweilen zwar – beim Bewusstsein der bestehenden Differenz – gegeben war, vermittelt *Hufen* 1999, S. 1506.

119 Naturrecht in diesem Sinne ist nach Stepanians Qualifizierung sogenanntes „rechtsphilosophisches Naturrecht" im Gegensatz zum moralphilosophischen Naturrecht, das nicht unbedingt im Gegensatz zum Rechtspositivismus stehen muss (*Stepanians* 2008, S. 887ff.).

120 *Murphy* 2005, S. 15, 22; *Bix* 2005, S. 29 erklärt zudem, dass im Gegensatz zum Naturrecht der Rechtspositivismus ein junges Phänomen darstellt: „[…], legal positivism is almost two centuries old, […]." Dagegen geht die bekannte Geschichte des Naturrechts zurück bis in die griechische Antike auf Platon (*Irwin* 2013, S. 206; *Stepanians* 2008, S. 888), die ersten relevanten Ausprägungen im Sinne dieser Arbeit entwickeln sich mit Thomas von Aquin (dazu *Murphy* 2005, S. 15), der auf Augustinus zurückgreift (dazu *Stepanians* 2008, S. 888f.). Naturrechte als Abwehrrechte gegen die Krone und deren Legislation schließlich werden dann im 16., 17. Jahrhundert (z.B. bei John Locke) entwickelt. Der Weg dorthin kann indes nicht als eine zusammenhängende, verbundene Entwicklung, zurückreichend auf die frühen Naturrechtstheorien, bezeichnet werden (dazu *Weinreb* 1992, S. 278ff.). Dennoch finden sich in den Werken der Nachkriegszeit mitunter Rückgriffe auf die unterschiedlichen Naturrechtsauseinandersetzungen (bspw. *Wolf* 1964 [1955]).

121 *Murphy* 2005, S. 22.

122 Zur Vielstimmigkeit siehe *Bix* 2005, S. 29; *Murphy* 2005, S. 22f.; *Stepanians* 2008, S. 887ff.; *Irwin* 2013, S. 207f., 219f.

2. Die Persönlichkeiten im Grundsatzausschuss[123]

Dem Parlamentarischen Rat, einem in der Zusammensetzung von den Landtagen bestimmten Gremium[124], lastet ähnlich wie der fast genau einhundert Jahre zuvor tagenden Frankfurter Nationalversammlung von 1848/1849 der Vorwurf der, wie es Friedhelm Hufen nennt, gesellschaftlichen Einseitigkeit[125] an. Er zählt Beschreibungen wie „Professoren-Parlament"[126] oder „Parlamentarischer Rat unbelasteter Weimaraner, der Literaten und Schöngeister" auf.[127] Dies harmoniert mit der Beschreibung Krögers zur Zusammensetzung des Parlamentarischen Rates: „Die meisten von ihnen waren langjährige Politiker [...], zwei Drittel von ihnen waren Akademiker, überwiegend Juristen. Ihre Interessensbindungen waren gering; das breite Spektrum gesellschaftlicher Interessen war im Parlamentarischen Rat nicht vertreten."[128] Schließlich mag indes der Begriff „Beamtenparlament" am treffendsten sein, machte ihre Gruppe circa 60 Prozent der Abgeordneten aus.[129]

Im Zentrum der vorliegenden Betrachtung steht die Arbeit des „Ausschuß für Grundsatzfragen", oder wie er zunächst hieß: „Ausschuß für Grundsatzfragen und Grundrechte".[130] Er umfasste zwölf stimmberechtigte Mitglieder, wobei je fünf Sitze auf CDU/CSU und SPD entfielen, ein Sitz auf die Liberalen (FDP)[131] sowie ein Sitz

123 Kurzbenennung des Ausschuß für Grundsatzfragen (und Grundrechte) (siehe *Pikart/Werner* 1993, S. X).

124 Zum Vorgehen der Besetzung siehe *Feldkamp* 1998, S. 36f.

125 Dagegen *Streatling* 1989, S. 10. Dieser verweist zudem darauf, dass die Zusammensetzung dem Beratungsgegenstand geschuldet sei (a.a.O., S. 10f.).

126 *Lange* 1993, S. 39 weist diesen Begriff zurück – seien unter den 65 Mitgliedern nur 6 Professoren (*Streatling*1989, S. 10: 8 Professoren) gewesen – und schlägt viel mehr den Begriff „Beamtenparlament" vor.

127 *Hufen* 1999, S. 1505; auch mit Bezug auf die Ausführungen Krögers (s.u.); *Stammen/Maier* 1979, S. 395f., darin auch: 60% der Mitglieder waren Beamte, 67% der Mitglieder waren gleichzeitig auch Landtagsmitglieder.

128 *Kröger* 1993, S. 21, unterstützend *Lange* 1993, S. 38ff.; es waren 51 Abgeordnete Akademiker, 32 Juristen, elf Wirtschaftswissenschaftler, 35 Abgeordnete waren promoviert (Zahlen siehe *Feldkamp* 1998, S. 41).

129 *Lange* 1993, S. 39; *Morsey* 1989, S. 474 weist darauf hin, dass die Zusammensetzung des Parlaments für eine verfassungsgebende Versammlung nicht ungewöhnlich sei.

130 Diesen Titel trägt er auch in späteren Beschreibungen, z.B. bei *Strauß* 1966, S. 350.

131 Die liberalen Parteien FDP, DVP und LDP bildeten im Parlamentarischen Rat eine Fraktion (*Feldkamp* 1997b, S. VIII). Der zustehende Sitz wurde hier von Theodor Heuss (siehe zu seiner Biographie Anhang 1.c.(1)) eingenommen.

gemeinsam für DP, KPD und Zentrum, der durch die DP wahrgenommen wurde.[132] Auch für diesen Ausschuss gilt eine dem gesamten Parlamentarischen Rat ähnliche Einseitigkeit.

Es zeigen sich, vom gesellschaftsäquivalenten Repräsentationsaspekt abgesehen, in den Biographien, die im Anhang 1 dieser Arbeit[133] kurz mit Blick auf die vorliegende Arbeit illustriert werden, sehr unterschiedliche Vorprägungen der Mitglieder des Ausschusses – politisch[134] wie religiös-ideologisch[135] – die einen gewissen Einfluss auf die Naturrechtsdiskussion entfaltet haben könnten; ein gewisser Nährboden für eine Nähe zum Naturrecht kann für einige Mitglieder konstatiert werden.

Einzelne Mitglieder hatten im Vorfeld des Parlamentarischen Rates Schriften zum Neuanfang Deutschlands verfasst (so von Mangoldt, Pfeiffer oder Schmid), allerdings ist es nicht möglich, in diesen Schriften einen konkreten Bezug zum Naturrecht auszumachen.

Auch ist eine sehr diverse Belastung der Biographien durch die Nationalsozialisten zu konstatieren, jedoch hatte ein nicht unbeträchtlicher Teil der Mitglieder – zumindest zeitweise – unter dem Nationalsozialismus persönlich in erster Linie gelitten.[136] Diese Vorprägung kann über den Grundsatzausschuss hinaus für den gesamten Parlamentarischen Rat festgestellt werden.[137] Insbesondere mit Blick auf die Beeinträchtigung der Karrieren durch den Nationalsozialismus betraf dieser Umstand cirka 50 der 65 Abgeordneten.[138] Auch darin liegt selbstverständlich ganz offensichtlich eine Beeinträchtigung des Repräsentationsaspektes, der Rechtfertigung in der besonderen Ausgangslage finden mag. So schreibt Lange: „Hingegen haben sich wohl in keinem westdeutschen Parlament so viele aktive Gegner des Nationalsozialismus zusammengefunden, wie im Parlamentarischen Rat […]. Dabei hatte die Mehrzahl der Ratsmitglieder während des Dritten Reiches Verhaftung, Zuchthaus,

---

132 *Pikart/Werner* 1993, S. X.

133 Die Lektüre dieser kurzen Biographiedarstellungen wird vor der Lektüre der weiteren Ausführungen nochmals ausdrücklich empfohlen, gerade auch den Leser_innen mit einer geringeren historischen Vorbildung, um mitunter ein tieferes Verständnis für einzelne Argumentationen zu erlangen.

134 *Streatling* 1989, S. 10f., weist insbesondere auf die aktiven Politiker hin; im Grundsatzausschuss sind dies z.B. Schmid, Weber und Zinn.

135 Die ideologische Breite im Grundsatzausschuss macht auch *Feldkamp* 1998, S. 60 aus.

136 Ausführungen auf Grundlage der Biographiedarstellungen in Anhang 1 (s.u.).

137 *Lange* 1993, S. 40.

138 *Werner* 1995, S. VIII; dies gilt auch für die im folgenden Absatz angedeutete akademische Atmosphäre, die mitunter durch einschlägige Redebeiträge erzeugt wurde (a.a.O., S. XII).

Konzentrationslager erlitten oder hatte sich dem nur durch die Flucht zu entziehen vermocht.“[139]

Aus dem Kreis der Mitglieder des Ausschusses sticht insbesondere eine kleine Gruppe bestehend aus den Professoren – namentlich: Ludwig Bergsträsser, Theodor Heuss, Hermann von Mangoldt, Carlo Schmid, der nur aufgrund eines Zugeständnisses der CDU am Parlamentarischen Rat teilnehmen konnte[140] – sowie zeitweise dem Mitglied Anton Pfeiffer hervor, die den Hauptanteil an Redezeit für sich in Anspruch nahmen und dabei das Gros der inhaltlichen Ausschussarbeit[141] leisteten. Insbesondere dem Vorsitzenden von Mangoldt ist darüber hinaus eine starke – zeitweise gar dominante – Stellung zu attestieren.[142] Es ist wohl auch diesem Zusammenspiel zu verdanken, dass der Ausschuss, wie es Feldkamp formulierte, „nahezu den Charakter eines akademisch-wissenschaftlichen Kolloquiums“ erhielt.[143]

Insgesamt vermitteln die Protokolle des Grundsatzausschusses eine sehr angenehme Arbeitsatmosphäre, die mitunter durch Heiterkeiten aufgelockert wurde und zum Teil auch durch Freundschaften[144] geprägt sowie hauptsächlich auf Kompromissfindung ausgelegt war. So kam es in der ganzen Ausschussarbeit des Grundsatzausschusses nur zu zwei expliziten Abstimmungen.[145]

---

139 *Lange* 1993, S. 40.

140 In Württemberg-Hohenzollern wären beide Mandate an die CDU gefallen, allerdings machte sich der dortige Staatspräsident Gebhard Müller (CDU) dafür stark, dass der für gemäßigte Ansichten bekannte und in kulturellen Fragen zu Zugeständnissen bereite Schmid, der auch bereits am Konvent auf Herrenchiemsee teilnahm, nun ebenfalls am Parlamentarischen Rat teilnehmen konnte. Zum Ausgleich erhielt die CDU in Hamburg ein Mandat (dazu *Feldkamp* 1998, S. 40).

141 Diese Bewertung muss unter der Einschränkung der unbekannten Zusammensetzung des internen Redaktionsausschusses des Grundsatzausschusses erfolgen (s.u. III.2.a.).

142 Zum Beitrag der einzelnen Mitglieder zur Ausschussarbeit, s.u. Anhang 1. Zur starken Führung von Mangoldts auch *Feldkamp* 1998, S. 60.

143 *Feldkamp* 1998, S. 60.

144 Als Beispiel sei hier *AD ParlR*, V. Nr. 45, S. 988f. angeführt. Auch Weber betont diese freundschaftliche Stimmung rückblickend im Plenum (a.a.O., IX. Nr. 10, S. 578).

145 Thematisiert a.a.O., V. Nr. 46, S. 1013, Fn. 8. Diese Arbeitsweise wird durch den Vorsitzenden einem gastweise der Arbeit des Grundsatzausschusses Beiwohnenden erläutert (a.a.O., V. Nr. 46, S. 1014). Folgt man Feldkamp, war dieses Vorgehen für die Fachausschüsse des Parlamentarischen Rates einzigartig (*Feldkamp* 1998, S. 60).

III.

Die Diskussion im Grundsatzausschuss

1. Die erste Diskussion zu den Grundrechten

a. Proömium

Die Diskussionsanalyse nimmt sich, nachzeichnend, die Dokumente des Grundsatzausschusses – dem aktivsten Fachausschuss des Parlamentarischen Rates[146] – chronologisch vor und wird die Partikel der Naturrechtsdiskussion extrahieren. Es sei zuvor erklärend bemerkt, dass die Beratungen der Lesungen bisweilen von der numerischen Artikelfolge abweichen und die Artikelzuordnung der Grundrechte sich während der Beratungen des Parlamentarischen Rates ändern. Während sich die erste, konstituierende Sitzung nichts Inhaltlichem widmete,[147] gerieten in der zweiten Sitzung (16. September 1948) bereits die Grundrechte in den Diskussionsmittelpunkt. Die Mehrheit der Ausschussmitglieder entschied sich dafür, die Grundrechte an den Beginn der inhaltlichen Arbeit[148] des Ausschusses zu stellen.[149]

Vor der dritten, in die inhaltliche Arbeit führenden Ausschusssitzung erarbeitete das Ausschussmitglied Bergsträsser einen kommentierten Katalog der Grundrechte. Dieser sei „[…] mehr oder minder ein Leitfaden für die Einzelberatungen […].“[150] Er wollte darin allerdings explizit nicht näher auf die theoretischen Grundlagen des

146 *Lange* 1993, S. 44. Sie kamen insgesamt zu 36 Sitzungen zusammen – durchschnittlich waren es bei den anderen 20 bis 25 Sitzungen.

147 *AD ParlR,* V. Nr. 1, S. 1f.

148 Auch die zweite Sitzung brachte – entgegen der Annahme Bergsträssers (a.a.O., V. Nr. 3, S. 15) – noch keine inhaltliche Entscheidung hervor sowie auch nur bedingt eine zielgerichtete inhaltliche Diskussion. Vielmehr stand das weitere Vorgehen des Ausschusses im Mittelpunkt. Solch ein Verhalten Bergsträssers – Dinge ohne allseitige Zustimmung als Ansicht des Ausschusses anzunehmen – ist mehrmals zu erkennen, so auch in der darauffolgenden Sitzung (a.a.O., V. Nr. 4, S. 32). Zurückzuführen lässt sich das auf die zumeist nicht durchgeführten Abstimmungen (dazu s.o. II.2.).

149 a.a.O., V. Nr. 2, S. 3ff., insb. S. 13f.

150 a.a.O., V. Nr. 3, S. 15.

Papiers – und damit der Grundrechte – eingehen, erklärte jedoch dazu – im Folgenden fragmentarisch wiedergegeben: „[…] die theoretischen Grundlagen, d.h. die naturrechtlichen Grundlagen der Grundrechte […].“[151] Er postulierte damit eine Fundierung der Grundrechte im Naturrecht, ohne in diesem Zuge auszuführen – respektive ausführen zu wollen – welcher naturrechtlichen Schule er dabei folgte.

b. Die Berichterstatter der dritten Sitzung (21. September 1948)

Die Auswahl der Berichterstatter illustriert sehr anschaulich, wie wenig zu Beginn der Arbeit des Grundsatzausschusses die Parteizugehörigkeit eine Rolle spielte. So waren beide ausgewählten Berichterstatter Abgeordnete der SPD-Fraktion, namentlich Ludwig Bergsträsser und Georg-August Zinn.

Wie bereits in seiner Eingabe angedeutet, ging Bergsträsser nun in seinen Ausführungen „über das Werden der Grundrechte“[152] auf die Begründung der Grundrechte ein und qualifizierte diese als vorstaatliche Rechte, die „[…] auf zwei verschiedene Quellen zurück[zu]führen [sind]. Die eine ist das Naturrecht des Mittelalters, das auf Aristoteles zurückgeht; die andere ist das moderne Naturrecht der Aufklärung.“[153] Diese Quellen würden sich – so Bergsträsser – aber in Vielem entsprechen.

Der Berichterstatter Zinn unterließ es dagegen ausdrücklich, auf die Fundierung der Grundrechte einzugehen, erschien ihm dies zu diesem Zeitpunkt verfrüht.[154] Allerdings wies er auf die Möglichkeit hin, dass Grundrechte als vorverfassungsmäßiges Recht nicht – zum Beispiel in einem Grundrechtskatalog – ausformuliert werden müssten. „Das wäre jedenfalls dann möglich, wenn man die Grundrechte, die als klassisch gelten und sich neuerdings zu einem völkerrechtlich anerkannten Recht entwickeln beginnen, als vorverfassungsmäßiges Recht ansieht.“[155] Gegen eine sol-

---

151 a.a.O.; in der dritten Sitzung wird Bergsträsser erklären – ohne die Quellen zu konkretisieren – dass sich dieser Katalog aus verschiedenen Verfassungen speist (a.a.O., V. Nr. 4, S. 32).

152 a.a.O., V. Nr. 4, S. 28.

153 a.a.O., V. Nr. 4, S. 29; Aristoteles wird häufig als der Ausganspunkt des Naturrechtsdenkens angegeben, manche Autoren gehen weiter und setzen Platon an den Beginn der Geschichte des Naturrechtsdenkens (z.B. *Fechner* 1968, S. 162). Dazu auch II.1.d.

154 a.a.O., V. Nr. 4, S. 29ff.

155 a.a.O., V. Nr. 4, S. 34; er verwies dabei ausdrücklich auf die Entwicklungen der UN, die zur Erklärung der Menschenrechte durch die UN führten. Zudem machte Zinn darauf aufmerksam, dass in der deutschen Staatsrechtslehre Grundrechte anerkannt waren, die nicht im Grundrechtsteil zu finden sind, wie zum Beispiel die Gesetzmäßigkeit der Verwaltung (a.a.O., V. Nr. 4, S. 34).

che Praxis sprächen zwei Punkte, nämlich die Erfahrungen der damals zwölf vergangenen Jahre unter den Nationalsozialisten sowie eine mit solchen Grundrechten nicht ausreichend vertraute Rechtspraxis, weshalb aus seiner Sicht eine Konkretisierung unerlässlich erschien.[156]

Beide Berichterstatter sprachen sich also schließlich für einen Grundrechtskatalog aus und verwiesen auf die Möglichkeit der Basierung der vorverfassungsrechtlichen[157] Geltung der Grundrechte.

c. *Diskussion der Berichterstatterausführungen*

In der anschließenden Diskussion – in der der für das Gewicht der Arbeit nicht unbedeutende Beschluss der unmittelbaren Geltung der Grundrechte gefallen war[158] – wurden die Ausführungen der Berichterstatter, auch unter Einfluss der Diskussionen aus Herrenchiemsee, diskutiert. Die Diskussion wurde neben der Frage der Unmittelbarkeit der Geltung von Grundrechten von der Frage dominiert: Was sind klassische Grundrechte – die eben auch die beiden Berichterstatter[159] zunächst als summarisch-abstrakten Begriff anführten? Ein Teilaspekt der Frage nach der unmittelbaren Geltung steht zudem im Fokus dieser Betrachtungen: Wie verhält es sich nun mit der Vorverfassungsrechtlichkeit der Grundrechte, inwieweit soll Naturrecht zum Tragen kommen?

Die Naturrechtsdiskussion wurde zudem durch den Vorsitzenden von Mangoldt aus dem Plenum[160] in die Diskussion getragen. Er griff den Ruf auf: „Zurück zum

156 a.a.O., V. Nr. 4, S. 34f.; diese Sitzung fand bereits am 16. September 1948 statt, die Aufnahme der ‚klassischen Grundrechte' in das Grundgesetz wurde dagegen von der CDU/CSU-Fraktion erst am 28. September in einer Fraktionssitzung gebilligt (*Fr.Prot. CDU/CSU* Nr. 7, S. 31).

157 Dass mit vorverfassungsrechtlichem Recht überpositives Recht gemeint ist, warf u.a. *AD ParlR*, V. Nr. 4, S. 44 (explizit Vorverfassungsrecht als Naturrecht) deutlich, sowie in Bezug auf die Entstehung des Grundgesetzes bei *Palm* 2007, S. 27.

158 *AD ParlR*, V. Nr. 4, S. 43.

159 So nannte sie Bergsträsser die „sogenannten echten oder klassischen" (a.a.O., V. Nr. 4, S. 32) und Zinn die „sogenannten klassischen Grundrechte" (a.a.O., V., S. 34f.); zentral wirft diese Frage von Mangoldt auf (a.a.O., V. Nr. 4, S. 42), der seiner Position als Ausschussvorsitzender sehr engagiert nachkam. Von Mangoldt spricht auch im weiteren Verlauf der Arbeit von der Ausarbeitung klassischer Grundrechte (a.a.O., V. Nr. 6, S. 116; Nr. 7, S. 148). Süsterhenn konkretisierte im Hauptausschuss im Rekurs auf den Abgeordneten Menzel, dass es sich dabei hauptsächlich um materielle und wirtschaftliche Bereiche handele und weniger um kulturelle, geistige und weltanschauliche Bereiche (a.a.O., XIV. Nr. 27, S. 792f.).

160 In der zweiten und dritten Sitzung des Plenums wurde über die Aufgabe des Parlamentarischen Rates referiert. Hierbei äußerten sich zu einer naturrechtlichen Einrahmung und Fundierung

Naturrecht! […] Vor dem geschriebenen Gesetz gibt es Rechtssätze, die, ohne geschrieben zu sein, allgemein bindenden Charakter haben.“[161] Ähnlich wie Zinn machte er auf die Möglichkeit unmittelbarer Geltung des Naturrechts aufmerksam, gab dann aber in explizitem Rekurs auf Zinn zu bedenken, dass solches Naturrecht schließlich in der Praxis aufgrund fehlender Bestimmtheit verhältnismäßige Wertlosigkeit entfalten würde. Diese Bedenken hegte ebenso Heuss und auch Heile sprach sich für die Ausarbeitung eines Grundrechtskataloges aus.[162]

2. Die erste Diskussion des Artikel 1 (23. September 1948)

a. Positionen in der Diskussion

Nachdem die Notwendigkeit eines Grundrechtskataloges im Ausschuss Anerkennung gefunden hatte, setzte sich der Redaktionsausschuss des Grundsatzausschusses[163] zusammen und formulierte die ersten vier Artikel, die anschließend in der vierten Sitzung des Grundsatzausschusses diskutiert wurden. Bergsträsser und von Mangoldt erklärten dabei einführend, dass ihr Vorschlag zu Art. 1 Abs. 1[164] die Naturgegebenheit der Grundrechte ausdrücken solle.[165] Diese Feststellung stellte den Auftakt

---

des Grundgesetzes fordernd Süsterhenn (a.a.O., IX. Nr. 2, S. 48, 53, 55f. (expliziter Ruf, explizite Forderung nach dem Naturrecht S. 56), 67) eher ablehnend Schmid (a.a.O., IX. Nr. 2, S. 37ff.). Mitunter ist die von von Mangoldt wahrgenommene Zustimmung naturrechtlicher Grundsätze auch an Zwischenrufen aus dem Publikum zu erkennen (z.B. a.a.O., IX. Nr. 3, S. 79).

161 a.a.O., V. Nr. 4, S. 40.

162 a.a.O., V. Nr. 4, S. 40ff. Carlo Schmid hatte bereits im Kontext des Herrenchiemsee-Konvents auf die Notwendigkeit justiziabler Grundrechte aufmerksam gemacht (*Weber* 1999, S. 77).

163 Der Redaktionsausschuss war ein inoffizielles Untergremium des Grundsatzausschusses mit wechselnder Besetzung und Größe – gelegentlich war fast der ganze Grundsatzausschuss zugegen. Ständige Mitglieder waren der Vorsitzende von Mangold, Bergsträsser und Heuss. Zu diesem Ausschuss, der durch Vorformulierungen der einzelnen Grundgesetzartikel diskussionslenkend wirkte, liegen leider keine Beratungsprotokolle vor (*Pikart/Werner* 1993, S. XXIf.). Für die vorliegende Diskussion haben allerdings von Mangoldt, Zinn und Bergsträsser die Vorlage erarbeitet (*AD ParlR*, V. Nr. 5, S. 63). Zu unterscheiden ist dieses Gremium vom ebenfalls durch den Grundsatzausschuss eingesetzten ‚Redaktionsausschuss für die Präambel‘, der in einer festen Zusammensetzung zusammentrat, personell aber Überschneidungen mit den regelmäßigen Mitgliedern des Redaktionsausschusses aufwies, so z.B. durch von Mangoldt, Heuss, Zinn und Schmid (a.a.O., V. Nr. 9, S. 185).

164 Vorschlag Art. 1: „[I] Die Würde des Menschen ruht auf ewigen, einem Jeden von Natur aus eigenen Rechten. [II] Das deutsche Volk erkennt sie erneut als Grundlage aller menschlichen Gemeinschaft an. [III] Deshalb werden Grundrechte gewährleistet, die Gesetzgebung, Verwaltungs- und Rechtspflege auch in den Ländern als unmittelbar geltendes Recht binden.“ (a.a.O., V. Nr. 5, S. 62, Fn. 3).

165 a.a.O., V. Nr. 5, S. 63f.

zu einer der intensivsten – und wohl auch inhaltsreichsten – Naturrechtsdebatten im Rahmen dieses Gremiums dar.

Von Mangoldt erklärte stellvertretend die Intention des Redaktionsausschusses bei dem Verweis auf naturgegebene Rechte in ihrem Entwurf. Sie sei auf die Auslegung gerichtet: „Diese stellt für die Auslegung fest […], daß die folgenden Grundrechte auf dem Untergrund des Naturrechts ruhen und die Rechtsprechung diesen Untergrund bei der Auslegung heranziehen kann."[166] Allerdings benutzte die Konzeption des Redaktionsausschusses – den Ausführungen von Mangoldts folgend[167] – Naturrecht als eine Art Leerformel. Das Naturrecht, wie es hier angenommen werde, sei „nicht etwas für alle Zeiten Gleiches, sondern etwas Fluktuierendes. So besteht die Möglichkeit, die naturrechtliche Auffassung in die Grundrechte […] stets neu hinein zu interpretieren. […] Art. 1 gibt die Möglichkeit, auf Grund der Verweisung auf das Naturrecht die Grundrechte den Erfordernissen und Bedürfnissen der Zeit anzupassen."[168]

Im Laufe der betrachteten Diskussion legte von Mangoldt weitergehend die Motivation des Redaktionsausschusses für den Rückgriff auf das Naturrecht dar. Er verortete diese Fundierung der Grundrechte als eine Reaktion auf die Naturrechtsrenaissance (s.o. II.1.d.): „Angesichts der Intensität und Stärke, mit der das Naturrecht heute betont wird, hielten wir es zumindest für zweckmäßig, das Naturrecht nicht unberücksichtigt zu lassen."[169]

Dass sich die Diskutanten der beschriebenen Naturrechtsrenaissance bewusst waren, wird unter anderen bei Schmid und Zinn deutlich,[170] allerdings bestand Uneinig-

---

166 a.a.O., V. Nr. 5, S. 64.

167 Es muss an dieser Stelle nochmal darauf hingewiesen werden, dass das Fehlen der Beratungsprotokolle des Redaktionsausschusses eine Rekonstruktion der Intention lediglich soweit erlaubt, als dass diese an den Berichterstattern festgemacht werden kann. Dies stellt sich auch an anderen Stellen als Unzulänglichkeit bei der Analyse heraus (z.B. bei der achten Sitzung, in der Schmid auf Erörterungen im Redaktionsausschuss (nicht explizit, „Ich glaube dass die Motive, die uns gestern bewegten […]" a.a.O., V. Nr. 9, S. 202) verweist, ohne die dortigen Ausführungen in der Sitzung nochmals zu explizieren oder in der 29. Sitzung, in der Süsterhenn auf Ausführungen in der vorigen Sitzung verweist und dabei – aus der Protokolllage zu schließen – eben diesen Redaktionsausschuss meint (a.a.O., V. Nr. 38, S. 811f.)).

168 a.a.O., V. Nr. 5, S. 64.

169 a.a.O., V. Nr. 5, S. 68.

170 Schmid (a.a.O., V. Nr. 5, S. 64f.); Zinn (a.a.O., V. Nr. 5, S. 66). Zinn nannte die Rückkehr zum Naturrecht „die Reaktion auf einen falsch verstandenen Rechtspositivismus[,] […] eine Reaktion gegen den Mißbrauch des Gesetzes als äußere Rechtsform." (a.a.O., V. Nr. 5, S. 66)

keit über die mögliche Intensität des Naturrechtseinflusses. Bei mehreren Mitgliedern des Grundsatzausschusses stieß das auf einem amorphen Naturrechtsbegriff beruhende Fundament der Grundrechte auf Kritik. Schmid gab zu bedenken: „Naturrecht absolut zu setzen, ist eine gefährliche Sache.“[171] Er konkretisierte, dass Naturrecht die Gefahr willkürlicher Ausdehnung berge, die es zu verhindern gelte.[172] Selbst wenn man ein nicht näher bestimmtes naturrechtliches Fundament für das Grundgesetz postuliere, „[…] für die praktische Anwendung der Grundrechte aber müßte ein limitativer Katalog vorhanden sein.“[173] Im Laufe der Diskussion ging er indes zum Standpunkt über, dass ein naturrechtliches Fundament bei der Auslegung der Grundrechte durch die Richter angenommen werden dürfte.[174] Auch Weber bekräftigte das Naturrecht als zentrales Fundament der Grundrechte.[175] Zinn – ähnlich wie Heuss[176] – teilte die Sorge der drohenden willkürlichen Ausdehnung („Uferlosigkeit“) und wendete sich gegen die von Schmid noch zugestandene Berufung auf das Naturrecht im Zuge der Auslegung.[177]

Er ordnete also in Ansätzen die Naturrechtsrenaissance in gleicher Weise ein, wie diese Einordnung auch Foljanty retrospektiv vornahm: das Naturrecht als das Gute, das zur Überwindung des mit Rechtspositivismus etikettierten Bösen der damals jüngeren Vergangenheit entgegengesetzt wurde (s.o. II.1.d.). Ähnlich erfolgte die Einordnung Schmids (a.a.O., V. Nr. 5, S. 65).

171 a.a.O., V. Nr. 5, S. 65.

172 a.a.O., V. Nr. 5, S. 65.

173 a.a.O., V. Nr. 5, S. 66.

174 a.a.O., V. Nr. 5, S. 66f.; er gab zuvor in Bezug auf Kant zu bedenken, dass jeder zu dem Naturrecht tendiert, „das ihm für seine Lebenswünsche am bekömmlichsten scheint.“ (a.a.O., V. Nr. 5, S. 65) Er sprach sich explizit dafür aus, eine willkürliche Ausdehnung auszuschließen (a.a.O., V. Nr. 5, S. 65). Dies deckt sich mit der angeführten Feststellung Weinkauffs, dass die Gerichte die Naturrechtsätze herangezogen haben, die zur Entscheidung des Einzelfalles führten (s.o. I.; dort ähnlich auch Müller). Es schwingt in dieser Aussage Weinkauffs eben mit, dass die Gerichte zu einer gewünschten Entscheidung mittels dazu ausgewählter Naturrechtssätze gelangen wollten.

175 a.a.O., V. Nr. 5, S. 68f. Weber teilte die Auffassung, dass nicht jedes Grundrecht naturrechtsbasiert sein kann (dieser Ansicht widerspricht sie allerdings in den folgenden Diskussionen), sprach sich dennoch – unter dem Eindruck der Erfahrungen aus der Zeit des Nationalsozialismus – für eine starke Naturrechtsbasierung aus.

176 a.a.O., V. Nr. 5, S. 67, 72; „In der Determinierung, daß jeder Mensch von Natur aus eigene Rechte besitze, [… ist] ein Satz ausgesprochen, der in der Interpretation völlig freibleibend ist.“ (a.a.O., V. Nr. 5, S. 67).

177 a.a.O., V. Nr. 5, S. 66f.

Die diffuse Beschaffenheit des verwendeten Naturrechtsbegriffs blieb auch in dieser Diskussion weitestgehend bestehen und war mitunter in dieser Diffusität gewollt.[178] Es wurde augenscheinlich übereinstimmend von d e m Naturrecht[179] oder d e m ewigen Recht[180] gesprochen und auf die Ausfüllungsbedürftigkeit aufmerksam gemacht, wenngleich dieser Umstand insbesondere am Beginn der Diskussion eine Rolle spielte.[181] Es war insbesondere Schmid, der die Notwendigkeit der Festlegung einer Naturrechtskonzeption thematisierte, die schließlich bei der Interpretation der naturrechtsbasierten Grundrechte zugrunde gelegt werden kann.[182] Er lieferte im Rahmen dieser Diskussion dazu Ansätze (s.u. III.2.b.), die allerdings kaum Widerhall bei den Diskutanten fanden.[183] Von Mangoldt entgegnete: „Unsere Absicht war [...] die vorstaatlichen Rechte so aufzuführen, wie sie die Gegenwart sieht. Damit wäre festgelegt, daß das den Grundrechten zugrundeliegende Naturrecht zur Auslegung [...] der Grundrechte herangezogen [...] werden könnte."[184] Dass diese Aussage ohne stärkeren Widerspruch blieb, mag verwundern, stellte von Mangoldt damit in den Raum, dass es möglich sei, auf e i n e Naturrechtslehre der Gegenwart zurückzugreifen.[185]

Weber und Heuss sowie Pfeiffer nahmen dazu eine dritte Position ein, indem sie es nicht für notwendig erachteten, irgendeine konkrete Fundierung festzulegen.[186]

---

178 Nach von Mangoldts Darstellung ist diese Diffusität vom Redaktionsausschuss so intendiert gewesen (a.a.O., V. Nr. 5, S. 64).

179 z.B. bei Bergsträsser (a.a.O., V. Nr. 5, S. 63), von Mangoldt (a.a.O., V. Nr. 5, S. 64, 68), Zinn (a.a.O., V. Nr. 5, S. 66), Weber (a.a.O., V. Nr. 5, S. 68) und Heuss (a.a.O., V. Nr. 5, S. 72).

180 z.B. bei Kaiser [ein Gast aus dem Parlamentarischen Rat, CDU, Vertreter Berlins, christlicher Gewerkschafter (1888–1961), siehe dazu *Agethen* 2008, S. 181ff.] (*AD ParlR*, V. Nr. 5, S. 71f.), Heuss/von Mangoldt (a.a.O., V. Nr. 5, S. 73f.), Weber (a.a.O., V. Nr. 5, S. 74).

181 Auf die Ausfüllungsbedürftigkeit machte z.B. in Ansätzen von Mangoldt aufmerksam, wobei er (im Namen des Redaktionsausschusses) keine fixe Ausfüllung anstrebte (a.a.O., V. Nr. 5, S. 64) und ebenso in Ansätzen Zinn, indem er die Unmöglichkeit der unmittelbaren Anwendung aufzeigte (a.a.O., V. Nr. 5, S. 66). Deutlich wurde die Notwendigkeit allerdings hauptsächlich bei Schmid (a.a.O., V. Nr. 5, S. 65). Die Unbestimmtheit war indes auch weiteren Diskutanten bewusst (z.B. Heuss, a.a.O., V. Nr. 5, S. 67).

182 a.a.O., V. Nr. 5, S. 66.

183 a.a.O., V. Nr. 5, S. 67ff.

184 a.a.O., V. Nr. 5, S. 68.

185 Das Gemeinsame in der Nachkriegszeit ist der Ruf nach dem Naturrecht. Die diesem Ruf zugrundeliegenden Naturrechtslehren unterscheiden sich allerdings, wie u.a. Bachof bereits 1947 und Foljanty retrospektiv feststellen (s.o. II.1.d.).

186 Heuss brachte ein, dass er „[...] von der Menschenwürde ausgehen [möchte], die der Eine theologisch, der Andere philosophisch, der Dritte ethisch auffassen kann." (a.a.O., V. Nr. 5, S. 67). Ähnlich äußerte sich Weber (a.a.O., V. Nr. 5, S. S. 69). Pfeiffer vermittelt dies unterschwelliger: „Die Formulierung ‚Die Würde des Menschen steht im Schutze der staatlichen

Diese offensichtliche Indifferenz gegenüber dem Fundament der Grundrechte und insbesondere auch der Menschenwürde lässt sich allerdings mit der Sichtweise von von Mangoldt vereinbaren.

Das erkennbare, den Diskutanten gemeinsame[187] Anliegen für den ersten Artikel, der als Schlüssel des Grundgesetzes[188] aufzufassen sei, fasste von Mangoldt zusammen, in dem er konstatierte, dass die Diskutanten „insbesondere auch den Gegensatz zu dem ausdrücken [wollen], was wir in der unmittelbaren Vergangenheit erlebt haben."[189] Der erste Artikel als eine Reaktion auf und Abgrenzung zu der Zeit des Nationalsozialismus kann als Ergebnis der Diskussion aufgefasst werden; eine Intention für die Grundrechte, die im weiteren Verlauf der Beratungen des Parlamentarischen Rates häufiger zu finden ist.

Die am Ende der Sitzung feststehende Fassung des Artikel 1 enthält im Gegensatz zur Vorlage des Redaktionsausschusses, keine Berufung auf von Natur aus zustehende Rechte und auch der verbliebene, auf Naturrecht hinweisende Bestandteil „ewig" ist mit einer Anmerkung zu seiner Streitigkeit versehen.[190]

Ordnung' erscheint mir erstens lapidar, zweitens klar, drittens würdig, viertens löst sie beim einfachen Mann des Volkes, der sich nicht in philosophischen Gedankengängen zu bewegen pflegt, eine gewisse erhebende Wirkung aus. […] Darum spreche ich mich für diese Formulierung aus." (a.a.O., V. Nr. 5, S. 73).

187 Dieses Anliegen ist z.B. bei Bergsträsser (a.a.O., V. Nr. 5, S. 63), Zinn (a.a.O., V. Nr. 5, S. 66), Schmid (a.a.O., V. Nr. 5, S. 67) und Weber (a.a.O., V. Nr. 5, S. 68f.) erkennbar.

188 Dass die Menschenwürde das Grundgesetz einleiten und ihm einen Interpretationsrahmen geben soll, wird verschiedentlich deutlich, so bspw. in der Berichterstattung aus dem Redaktionsausschuss durch Bergsträsser („[…] daß es richtig wäre, an die Spitze der Grundrechte einige Sätze zu stellen, die Absicht, Sinn und Grund der Grundrechte […] deutlich machen." a.a.O., V. Nr. 5, S. 63), explizit mit der Formulierung „Schlüssel" bei Schmid („In seiner systematischen Bedeutung ist er [Art. 1] der eigentliche Schlüssel für das Ganze." a.a.O., V. Nr. 5, S. 64) sowie deutlich bei Heuss („Der erste Satz muß sozusagen das Ganze decken." a.a.O., V. Nr. 5, S. 67). Diese Leseweise auch bei *Merten* 2012, S. 483f.; als Schlüsselnorm a.a.O., S. 487ff.

189 a.a.O., V. Nr. 5, S. 71.

190 „Artikel 1: Die Würde des Menschen steht im Schutze der staatlichen Ordnung. Sie ist begründet in ewigen […Anm. 1: über den Ausdruck ‚ewig' später noch einmal beraten.] Rechten, die das deutsche Volk als Grundlage aller menschlichen Gemeinschaft anerkennt. Deshalb werden die Grundrechte gewährleistet, die Gesetzgebung, Verwaltung und Rechtspflege auch in den Ländern als unmittelbar geltendes Recht binden." (a.a.O., V. Nr. 5, S. 86, Fn. 41) Es wird im Verlauf der weiteren Diskussion deutlich, dass die Streitigkeit weiterbesteht (a.a.O., V. Nr. 7, S. 149f.).

b. Der Schmidsche Ansatz: ein historischer Naturrechtsbegriff?

Während es andere Diskutanten vermieden, konkretere Fundierung des Naturrechts anzumahnen oder sich gar gegen eine konkrete Fundierung wendeten, war es Schmid, der einen greifbareren Ansatz lieferte. Dieser zeichnete sich allerdings ebenfalls durch eine für die explizitere Einordnung in die gängigen Naturrechtslehren beinahe unbefriedigende Allgemeinheit aus, die freilich einen Heuss oder Weber (s.o. III.2.a.) entsprechenden Neutralitätsgedanken widerspiegeln könnte.

Schmid forderte einen historischen Naturrechtsbegriff. Er sprach sich gegen eine philosophisch basierte Berufung auf einzelne, einer bestimmten Schule entspringende Rechte: „Vielmehr müssen wir von einem historischen Naturrechtsbegriff, der nur scheinbar eine contradictio in adjecto ist, ausgehen und sagen: In dieser Sphäre der geschichtlichen Entwicklung sind wir Deutsche nicht bereit, unterhalb eines Freiheitsstandards zu leben […].“[191] Er war der Ansicht, dass es eine Schranke des staatlichen Eingriffs in die menschliche Lebensverwirklichung geben müsse, die die Geschichte gelehrt habe.[192]

Gegen Ende der Diskussion formulierte er allerdings eine Aussage, welche die Neutralität seines historischen Naturrechtsbegriffs infrage stellt: „[…] Würde, eine Eigenschaft, die bestimmend für den Menschen ist und den Menschen von anderen Geschöpfen unterscheidet. Der Mensch ist innerhalb der Schöpfungsordnung ein Wesen, dem besondere Würde zukommt.“[193] Von Mangoldt führte die Diskussion kurz nach dieser Aussage zum Ende, weshalb diese aufkeimende und bei weiterem Verlauf möglicherweise aufschlussreiche Teildiskussion erstickt wurde.[194]

---

191 a.a.O., V. Nr. 5, S. 67; Schmid postulierte das Vorhandensein einer Erkenntnis der Menschheit, die aus der Geschichte Freiheiten ableitet, die dem Menschen zum Menschsein natürlicherweise zustehen müssen.

192 a.a.O., V. Nr. 5, S. 70; er versucht diesen historischen Naturrechtsbegriff aus Freiheiten der Menschen gegenüber der Staatsgewalt darzustellen und aus der Geschichte herzuleiten, so erklärt er: „Freiheitsdeklarationen sind i.a. entstanden aus dem religiösen Pathos der Minoritäten, die sich vor dem Aufgefressenwerden durch den Leviathan[,] der Staatsallmacht[,] schützen wollten. Deswegen hielt man es für nötig einen Staatsbegriff zu schaffen, der dem Menschen den Primat zuerkennt und den Staat nur als etwas sekundäres Produkt menschlichen Willens erscheinen lässt.“ (a.a.O., V. Nr. 5, S. 70). Das Naturrecht also als Produkt einer Verfolgung von Bevölkerungsgruppen – insbesondere Minoritäten – die vernachlässigt, dass es sich bei diesen ebenfalls um Menschen handelt. Insoweit ist die Schmidsche Haltung auch unter die Subsumtion von Mangoldts einzuordnen, als dass das Bestreben der Diskutanten eine Reaktion auf den erlebten Nationalsozialismus darstellt.

193 a.a.O., V. Nr. 5, S. 72.

194 a.a.O., V. Nr. 5, S. 72f.

Die Aussage Schmids zum Menschen in der Schöpfungsordnung lohnt dennoch näherer Betrachtung, rekurriert sie zumindest auf einen Schöpfer – also auf eine kreationistische, übermenschliche Kraft, einen Gott. Es drängt sich im zeitlichen Kontext zunächst auf, dass diese Aussage auf die Notwendigkeit eines Gottes christlicher Schule zurückgreift[195] und somit Anspielungen auf christliche Naturrechtslehren zu konstatieren sind. Wirft man allerdings einen Blick auf historische Naturrechtsschulen, so werden bei Vertretern der hallischen Naturrechtsschule[196] ebenfalls Gottesbezüge im Bereich des Naturrechts auffallen, die nicht zwangsläufig auf einen christlichen Gott zurückgreifen. So stellt beispielsweise einer der zentralen Vertreter[197] dieser Schule, Nicolaus Hieronymus Gundling[198], der klar einen Gottesbezug[199] in seiner Naturrechtskonzeption aufbaut, in seinen Ausführungen fest: „Denn es sind viele Leute in der Welt, welche die Schrift nicht annehmen. Weil aber alle Völcker eine raison haben, so muss man ad fontem generalem gehen, und sie aus ihrer Vernufft überzeugen, quid justum, quid injustum sit. Das wäre absurd, wenn einer glauben wollte, es wäre das Jus naturae nur vor diejenigen, welche der Christlichen Religion zugethan sind."[200]

---

195 Tatsächlich ist eine solche Notwendigkeit nicht aus dem direkten Gesprächskontext herauszulesen. Es kann weiter aber hier mit *Dürig* 1952, S. 260, Fn. 26 gegangen werden, der die zeitgenössische Gesellschaft einordnend ausführt: „Wir glauben es jedoch als wissenschaftliche Erkenntnis verwerten zu können, daß die tragende Überzeugung der Mehrheit unseres Volkes noch die (vielleicht unbewusste und un-‚bekannte') christliche ist." Er findet Unterstützung z.B. in *Hubmann* 1965, S. 54f., der unter anderem auf das gesellschaftliche Durchschnittsbild des Menschen rekurriert und dessen mögliche Quelle auch im Religiösen sieht.

196 Eine Naturrechtsschule, die sich im Kontext der Frühaufklärung des ausgehenden 17. und 18. Jahrhundertentwickelt hat.

197 Es ist nicht nur die Namensgleichheit und verwandtschaftliche Verbindung, die zu der Einbeziehung dieses Theoretikers führt: Gundling sei der wirkmächtigste Naturrechtslehrer des frühen 18. Jahrhunderts gewesen (*Hartung* 1998, S. 110). Auf das 18. Jahrhundert überhaupt erweitert *Streidl* 2003, S. 87 (auch *Klenner* 1994, S. 128) diese Ansicht und stellt ihm Wolff zur Seite, zudem sei Gundling einer der wenigen Naturrechtslehrer, die Immanuel Kant in seinem Werk erwähne (a.a.O., S. 123).

198 Nicolaus Hieronymus Gundling (1671–1729), Schüler von Thomasius, Professor für Geschichte und Beredsamkeit, dann Professor für Natur und Völkerrecht, schließlich Lehrstuhl für Öffentliches Recht an der Universität Halle, früher Aufklärer sowie Begründer der Lehre vom Geistigen Eigentum, königlich-preußischer Geheimrat und Konsistorialrat des Herzogtums Magdeburg (dazu insbesondere L.C. *Gundling* 2015, S. 6ff.).

199 „Alle Creaturen zeugen nicht nur einen Schöpffer, sondern auch seine unendliche und ewige Macht. […] Gott hat von Ewigkeit die menschliche Natur weislich ausgedacht, wie er sie will erhalten wissen. Wer etwas erhalten will, muß auch eine Ordnung ab aterno envisagieren, […]." (N.H. *Gundling* 1734, S. 11).

200 a.a.O., S. 9.

Es ist also aus Schmids Ausführungen herauszulesen, dass er auf Naturrechtslehren zurückgriff, die Gott, respektive einen Schöpfer, als zentrale Größe kennen; allerdings kann aus seinen Aussagen nicht entnommen werden, dass er eine konfessionelle Naturrechtslehre favorisierte.[201] Die Annahme der Offenheit des Gottesbegriffs kann durch seine Feststellung zum schließlich in der Präambel untergebrachten nominatio dei gefestigt werden, dessen konfessionelle Offenheit ihm ein Anliegen gewesen sei.[202]

Eine andere nicht unbeachtliche Teilaussage ist in einer weiteren Feststellung auszumachen, nämlich, dass „[...] Deutsche nicht bereit [seien], unterhalb eines Freiheitsstandards zu leben [...].“[203] Abzulesen ist an seinen Ausführungen, dass Schmid aus dem Naturrecht Abwehrrechte gegenüber dem Staat ableiten wollte. Seine Argumentation zielte auf einen zu gewährenden Mindestfreiheitsstandard zumindest des deutschen Bürgers gegenüber dem Staat ab.[204]

Schmid postulierte also eine vorverfassungsrechtliche Einflussschranke gegenüber der Staatsgewalt, die er als Ausfluss historischer Erfahrungen erkannte. Er versah diese vorverfassungsrechtliche Einflussschranke – die Quelle in der (deutschen) Geschichte verortend – mit dem Etikett ‚historischer Naturrechtsbegriff‘.

---

201 Allerdings sind hauptsächlich monotheistische Religionen miterfasst. Es ist abgrenzend zu der von Dürig ausgeführten Konstitution der deutschen Gesellschaft festzustellen, dass Schmid über ein nicht unbeträchtliches, staatsphilosophisches und rechtswissenschaftliches Wissen (siehe dazu auch unten Anhang 1.b.(3)) verfügte (in dieser Diskussion z.B. deutlich *AD ParlR*, V. Nr. 5, S. 70).

202 Zitiert nach *Kreß* 2015, S. 152.

203 *AD ParlR*, V. Nr. 5, S. 67.

204 Zunächst stellt Schmid fest, dass der historische Naturrechtsbegriff zu gewähren hat, dass Deutsche nicht unter einem gewissen Freiheitsstandard zu leben haben (a.a.O., V. Nr. 5, S. 67), rekurriert dann in der weiteren Argumentation auf religiöse Minderheiten und ihr Freiheitsstreben ggü. der Staatsgewalt, um auf eine notwendige Barriere des Einflusses der Staatsgewalt aufmerksam zu machen (a.a.O., V. Nr. 5, S. 70). Diese Argumentation legt einen Freiheitsbegriff, der ähnlich wie der Naturrechtsbegriff per se über eine gewisse Unbestimmtheit verfügt, im Sinne der prominenten Freiheitsklassifikation Berlins, mit der er u.a. bestehende Freiheitsvorstellung zu ordnen versucht, einen negativen Freiheitsstandard nahe (dazu grundlegend sein Aufsatz „Two concepts of liberty“ *Berlin* 1969, S. 118ff.). Die gegenteilige Annahme der positiven Freiheit könnte indes auch soziale Grundrechte legitimieren. Eine solche Intention ist in Schmids Ausführungen indes nicht erkennbar (so spricht z.B. *AD ParlR*, V. Nr. 5, S. 67 dagegen). Unterstützend für den Bereich der Grundrechte *Dürig* 1956, S. 167. Er verweist dort jedoch auf die mögliche Umdeutung der Freiheitsrechte durch die aus Art. 20 und 28 GG (Sozialentscheidung des Grundgesetzes).

3. Weitere Beiträge zum Naturrecht im Rahmen der ersten Lesung

a. *Die erste Diskussion des Eigentumsrechts (7. Oktober 1948)*

Die weiteren Beratungen von der vierten Sitzung bis gegen Ende der achten Sitzung lassen keine expliziten Beiträge zur Naturrechtsdebatte[205] erkennen.[206] Dies änderte sich mit der Diskussion um die Eigentumsrechte.

Als Berichterstatter aus dem Redaktionsausschuss eröffnete der Abgeordnete Schmid die Diskussion des Eigentumsgrundrechts[207]. Darin führte er aus, „daß es eine aus der ‚Natur‘ fließende Definition des Inhalts des Eigentums nicht gibt […].“[208] Diese sei notwendig vom Gesetzgeber zu bestimmen, der naturgegebene Eigentumsbegriff lediglich eine überkommene – aber traditionell vertretene[209] – Vorstellung des 18. Jahrhunderts.[210]

---

205 Am Ende der sechsten Sitzung kam es im Kontext der Diskussion zum weiteren Vorgehen zu einem Wortwechsel, der die Streitigkeit der Fundierung der Grundrechte illustriert. Während Bergsträsser darauf bestand, dass das Wort „ewig“ bereits aus Art. 1 gestrichen sei (dem war nicht so, s.o. III.2.a.), erklärte von Mangoldt, dass die Grundrechtsartikel, die auf Art. 1 folgen, „nichts als eine schriftliche Niederlegung des Naturrechts sind.“ (a.a.O., V. Nr. 7, S. 149f.) Aus diesem Blickwinkel hatte es sich um eine implizite Naturrechtsdiskussion gehandelt. Im Rahmen der Diskussion der 26. Sitzung zur Aufnahme der Garantie des Berufsbeamtentums wiederholte von Mangoldt, dass es sich bei den im Grundgesetz niedergelegten Rechten um jahrhundertealte (Menschen- und) Freiheitsrechte handele; auf einen Verweis auf das Naturrecht verzichtete er in diesem Kontext (a.a.O., V. Nr. 33, S. 720f.).

206 Siehe dazu a.a.O., V. Nr. 5, 6, 7, 8 und 9. Interessant allerdings ist die ebenfalls präsente, oben bereits als gemeinsame Intention der Diskutanten herausgestellte Abgrenzungsabsicht ggü. den Vorkommnissen in der Zeit des Nationalsozialismus (bspw. a.a.O., V. Nr. 6, S. 98, 113f.; Nr. 7, S. 132). Sie klingt in den Diskussionen zu den Grundrechten häufig mit.

207 Die Vorlage des Redaktionsausschusses des Ausschusses für Grundsatzfragen sah hier Art. 17 und 18 vor. „Art. 17: Das der persönlichen Lebenshaltung oder eigenen Arbeit dienende Eigentum wird zugleich mit dem Erbrecht gewährleistet. Inhalt und Schranken werden durch Gesetz bestimmt. Enteignung ist nur zum Wohle der Allgemeinheit und nur auf Grund eines Gesetzes zulässig. Das Gesetz bestimmt Art und Ausmaß der Entschädigung. Diese ist unter gerechter Abwägung der Interessen der Allgemeinheit und des Betroffenen festzusetzten. Eigentum verpflichtet. Seine Ausübung findet ihre Schranken in den Lebensbedürfnissen der Allgemeinheit und öffentlichen Ordnung des Gemeinwesens. Art. 18: Die Überführung von Grund und Boden, von Bodenschätzen und Produktionsmittel in Gemeineigentum ist nur aufgrund Gesetzes [sic] zulässig.“ (a.a.O., V. Nr. 9, S. 197, Fn. 34).

208 a.a.O., V. Nr. 9, S. 198.

209 a.a.O., V. Nr. 9, S. 209f.

210 a.a.O., V. Nr. 9, S. 198.

Damit spielte Schmid offensichtlich auf die naturrechtliche Fundierung des Eigentums in Nachfolge John Lockes an, der das Recht auf Eigentum als natürliches, überpositives Grundrecht in seinem Werk „Two Treatises of Government" (1689) postulierte[211] und das als solches auch Eingang in die Naturrechtslehre der deutschen Aufklärung fand[212] sowie daneben bei Jean-Jacques Rousseau als das „heiligste von allen Bürgerrechten" bezeichnet wurde.[213] Als ein unverletzliches und geheiligtes Recht wurde es schließlich auch in die französischen Menschen- und Bürgerrechte von 1789 aufgenommen.[214]

Schmidt argumentierte dagegen: „Die ‚Heiligkeit des Eigentums' ist die Tradition, ist der Bestand, von dem man ausgeht; was hier gewünscht wird, ist ein Abgehen davon."[215] Die Diskutanten wendeten sich in der Opposition gegen Schmid, allerdings nicht gegen die Schmidsche Ablehnung des Eigentums als aus der Natur entspringender Begriff; die Diskussion befasste sich vielmehr mit der Reichweite der Einschränkung des Eigentumsrechts[216] und kam zu keinem eindeutigen Beschluss. Man meinte in der Frage des Eigentumsgrundrechts eine besondere Komplexität zu erkennen.[217]

---

211 *Locke* 1977 [1689], S. 217ff., er postulierte 1689 „Und unter denen […], die eine Vielzahl an positiven Gesetzen geschaffen, um das Eigentum zu bestimmen, ist dieses ursprüngliche Gesetz der Natur […] immer noch gültig." (a.a.O., S. 218).

212 so z.B. auch bei oben erwähntem *Gundling* 1734, S. 230ff.; dazu auch *Schwab* 2008, S. 36f.

213 *Rousseau* 1977 [1755], S. 38. Das rousseauistische Naturrechtsverständnis steht in der Tradition des Naturrechts, das ohne einen Gott auskommen kann und auf der inneren Logik der Natur beruht (dazu *Spaemann* 2007, S. 326f). Hingegen ist dem profunden Kenner der Theorie bekannt, dass Rousseau im Privateigentum eine Quelle des Übels der Ungleichheit und damit der Unfreiheit ausmacht und deshalb das Privateigentum im idealtypischen Staat unter dem Contract Social per kollektivem „Schenkungsvertrag" auf die Gemeinschaft übertragen wird (*Rousseau* 2010 [1762], CS I 1 (S. 9ff.), I, 6 (insb. S. 35) u. I. 9). Dieser Zustand ist allerdings als Überwindung des Naturzustandes und der natürlichen Rechte zu klassifizieren (dazu u.a. a.a.O., CS I, 6 (S. 31ff.).

214 *Hofmann* 1989, S. 3180; Hofmann erklärt die Ausführungen Hobbes, Lockes sowie Rousseaus als mitunter fundamental für die Erklärung; durch diese rückten die Rechte der Bürger in den Vordergrund (a.a.O.).

215 *AD ParlR*, V. Nr. 9, S. 209f.; zuvor: „Eigentum berechtigt nicht nur, es verpflichtet." (a.a.O., V. Nr. 9, S. 199).

216 So findet z.B. die verfassungsrechtliche Festschreibung der Einschränkung des Verfassungsrechts „[…] auf das der persönlichen Lebenshaltung oder eigenen Arbeit dienende Eigentum […]" (a.a.O., V. Nr. 9, S. 200) Ablehnung, auch soll es „[…] nicht der Willkür, nicht dem Opportunismus der Verwaltung unterstehen […]." (a.a.O., V. Nr. 9, S. 203).

217 „Es wird in der zweiten Lesung noch einmal darüber zu sprechen sein. Das liegt an der Schwierigkeit der ganzen Frage." (a.a.O., V. Nr. 9, S. 210) Festgehalten wird allerdings eine vom Vorschlag (s.o.) stark abweichende Fassung. In der – auf Grundlage der Diskussion – festgehaltenen Fassung nach der ersten Lesung heißt es: „[(1)]Das Eigentum wird zugleich mit dem

Die Sitzungsteilnehmer wiesen indes anscheinend eine begrenzte Kenntnis der vorverfassungsrechtlich Eigentum gewährenden Theoretiker auf oder verzichteten bewusst auf ein Beharren auf einer solchen Fundierung.[218] Es ist zumindest kein Bemühen um eine bewusste naturrechtliche Grundlage zu erkennen, die ungeachtet dessen der katholischen Naturrechtslehre auch nur bedingt eigen ist.

Die katholische, auf Thomas von Aquin zurückgehende Naturrechtslehre erkennt das Eigentum nicht als aus dem Naturrecht entspringend an, sondern als über das Vernunftrecht, als mit dem Naturrecht vereinbar; Zustand des reinen Naturrechts ist allerdings alles Gemeineigentum.[219] Diese Ansicht findet in einer das Eigentum aber stärkenden Form weiter Anerkennung in der katholischen Soziallehre.[220] Ein Ausdruck dieser Haltung ist auch aus dem Aufruf des Kölner Erzbischofs Frings herauszulesen, der in seiner Silvesterpredigt 1946 kleine Diebstähle des zum Lebenserhalt Notwendigen für legitim erklärte; ein Aufruf, der als das sogenannte ‚fringsen' in die Geschichte einging.[221]

Die Diskussion des Eigentumsgrundrechts kann also als von der Schmidschen Ablehnung einer naturrechtlichen Fundierung dominiert eingeordnet werden.[222]

Erbrecht gewährleistet. Inhalt und Schranken werden durch Gesetz bestimmt. [(2)] […]. [(3)] Eigentum verpflichtet. Seine Ausübung findet ihre Schranken in den Lebensbedürfnissen der Allgemeinheit und der öffentlichen Ordnung des Gemeinwesens." (a.a.O., V. Nr. 16, S. 337). Die Formulierung, dass das Eigentum gewährleistet wird, kann als Anhaltspunkt gewertet werden, dass das Eigentum etwas Vorstaatliches ist, das auch unter der staatlichen Ordnung Gewährung findet – diese Lesart der Gewährung auch Schmid anzunehmen und als solche abzulehnen (a.a.O., V. Nr. 9, insb. S. 209f.) Dass diese Lesart von den anderen Diskutanten gewollt ist, kann allerdings nicht zweifelsfrei angenommen werden. Auch in diesem Fall könnten die Redaktionsausschussakten erhellend wirken (zu beachten ist z.B. der Hinweis von von Mangoldt, a.a.O., V. Nr. 9, S. 201).

218 Die angeführten Theoretiker zumindest, die das Eigentum als vorverfassungsrechtliches Recht einordnen, sehen auch eine Möglichkeit der Einschränkung des Eigentumsrechts vor (*Locke* 1977 [1689], S. 289 (Gesetze zur Regelung des Eigentums); *Rousseau* 1977 [1755], S. 38ff.; *Gundling* 1734, S. 455ff.), auf die man bei einer gewollten Fundierung im Naturrecht hätte sich berufen können; insbesondere da die deutschen Naturrechtsdenker nach Pufendorf die Pflichten in den Vordergrund rückten, anders wie dies z.B. bei Locke der Fall war (*Hofmann* 1998, S. 3181).

219 Siehe dazu *Aquin*, Summa Theologica, Buch II, Teil II davon I. Teil, Frage 66, Artikel 1.

220 Aufmerksam gemacht sei hier bspw. auf die Ausführungen in der Enzyklika quadragesimo anno von Papst *Pius XI.* von 1931, Abs. 44ff.

221 Siehe dazu *Marx* 2006, S. 12.

222 Der KPD-Abgeordnete Renner bringt den Begriff des „heiligen Eigentums" nochmals in einer Stellungnahme im Plenum am 6. Mai 1949, den er im Eigentumsartikel verwirklicht sieht (*AD ParlR*, IX. Nr. 9, S. 459).

b. *Stellungnahme von Professor Thoma (25. Oktober 1948)*

Die weiteren Diskussionen lassen soweit keine Ausführungen zum Naturrecht erkennen. Ein nächster Beitrag zur Naturrechtsdiskussion wurde erst wieder vom Geheimrat Professor Richard Thoma[223] geleistet.[224]

Thoma verwehrte sich dagegen, dass die Menschenwürde aus ewigen Rechten abzuleiten sei. Vielmehr seien die Menschenrechte aus der Menschenwürde abzuleiten.[225] Er erklärte: „In dem Maße, in dem sich die in der Ethik des Christentums wurzelnden Postulate der Aufklärungsphilosophie durchgesetzt haben und weiterhin durchsetzen, fordert das geläuterte Rechtsbewusstsein [...] einen Ausbau des Straf-, Prozeß-, Zivil-, Staats-, Verwaltungs- und Völkerrechts, welcher die Würde eines jeden Menschen respektiert und durch die Schaffung von Rechtspositionen, subjektiven Rechten und Rechtschutzansprüchen in die Sphäre des positiven, institutionell geschützten Rechts empor hebt."[226]

Eine Formulierung, die an offensichtlicher Klarheit vermissen lässt, aber zugleich mehrere Aussagen vermittelt: Die Erfahrung habe gelehrt, dass das Recht in seiner bestehenden Form nicht ausreicht, um die Menschenwürde zu wahren.[227] Um dies zu erreichen, sei es notwendig, auf die sich durchsetzenden, auf dem Christentum basierenden, philosophischen Errungenschaften zurückzugreifen, die den Schutz der Menschenwürde garantieren, diese allerdings in positives Recht zu gießen. Thoma

223 Richard Thoma (1874–1957) war deutscher Staatsrechtler, Professor in Hamburg, Tübingen, Heidelberg und Bonn und März 1945 emeritiert. Zunächst war er Monarchist, dann Demokrat. Blieb in der Zeit des Nationalsozialismus im Amt, lehrte, zog sich allerdings aus der wissenschaftlichen Publikationstätigkeit zurück und tratt nach der Kapitulation als Berater unter anderem des Parlamentarischen Rates, insbesondere des Wahlrechtsausschusses auf (*Groh* 2015, S. 147; *AD ParlR*, V. Nr. 18, S. 361).

224 Thoma sendete diesen auf einem Artikel in der Tageszeitung ‚Die Welt' basierenden Beitrag, mit dem Verweis auf eine Unterredung mit dem Vorsitzenden des Grundsatzausschusses von Mangoldt, an diesen ein (a.a.O., V. Nr. 18, S. 361). Die Existenz der Anmerkungen Thomas wird dem Gremium durch von Mangoldt am 27. Oktober 1948 publik gemacht (a.a.O., V. Nr. 20, S. 425f.). Die Ausführungen fanden u.a. Eingang in die zweite Lesung des Art. 1 (a.a.O., V. Nr. 29 u. 30, S. 584ff.) sowie in die Arbeit des Allgemeinen Redaktionsausschusses (a.a.O., V. Nr. 29, S. 585).

225 a.a.O., V. Nr. 18, S. 362.

226 a.a.O., V. Nr. 18, S. 362; Thoma verwehrte sich zudem gegen die Aussage, dass die ewigen Rechte die Grundlage jeder menschlichen Gemeinschaft bilden würden, das habe sich weder in der Vergangenheit noch zur Zeit der Entstehung der Zeilen gezeigt (a.a.O., V. Nr. 18, S. 362).

227 a.a.O., V. Nr. 18, S. 361f. baute er den Bezug zur nationalsozialistischen Herrschaft aber auch dem Bolschewismus auf.

ließ damit in seiner Aussage naturrechtliche Ideen als Inspiration zur Schaffung einer die Menschenwürde schützenden Rechtsordnung zu, verwehrte sich aber einem expliziten Rückgriff auf das Naturrecht[228]. Diese Haltung entspricht der Haltung Thomas zur Weimarer Zeit. Schon in früheren Schriften lehnte Thoma eine naturrechtliche Bindung des Verfassungsgesetzgebers ab.[229] Seine Ausführungen mündeten schließlich in einem Alternativvorschlag zu Artikel 1, der auf einen Verweis auf das ewige Recht verzichtete.[230]

4. Weitere Beiträge im Rahmen der zweiten Lesung

a. *Diskussion zur Präambel (9. November 1948)*

Ein kurzer Beitrag zur Diskussion wurde im Kontext der ersten Sitzung zur zweiten Lesung der Präambel von Theodor Heuss geleistet. Das Gremium diskutierte nun, ob und wie invocatio dei in die Präambel Eingang finden sollte (s.u. auch V.2). Es ist diese Diskussion ein Partikel der Naturrechtsdiskussion, bei der erstmals die parteiliche Zugehörigkeit und die gegenseitige Abgrenzung der Parteien auch im Grundsatzausschuss deutlich zu Tage traten.[231]

Heuss sprach sich in Anhängerschaft Rudolph Sohms[232] gegen eine solche invocatio dei aus: der Staat sei ein Heide.[233] Er erklärte etwas polemisch, unter dem Verweis, dass auch die CDU das Naturrecht wiederentdeckt habe und deshalb einen Got-

228 Naturrecht sei überstaatlich gemeintes ungeschriebenes Kulturgemeinschaftsrecht (*Thoma* 1932, S. 607). Diese Auffassung legt eine weniger aus der Natur, sondern aus der Gesellschaft entspringende Geltung des Rechts nahe.

229 Dazu bspw. *Thoma* 1929, S. 50ff.; *Lange* 2015, S. 336.

230 Thoma: Art. 1 Abs. 1: „Menschenrecht und Menschenwürde zu achten und zu beschützen, ist heilige Verpflichtung aller Staatsgewalt.“ Abs. 2: „Daher ist Achtung und Schonung der Menschenwürde verpflichtendes und schrankensetzendes Richtmaß aller gesetzgebenden, regierenden, verwaltenden und rechtsprechenden Entfaltung der Staatsgewalt.“ (*AD ParlR*, V. Nr. 18, S. 363).

231 Illustrierend kann der Gesprächsteil zwischen Heuss und Weber angeführt werden: Heuss „[…] wirkt bei uns noch nach. Frau Dr. Weber: Bei uns gar nicht! Dr. Heuss: Weil ihr inzwischen aus dem Naturrecht gelernt habt.“ (a.a.O., V. Nr. 24, S. 519).

232 Gotthard Julius Rudolph Sohm (1841–1917), Professor für deutsches und Kirchenrecht, war an der Gründung Friedrich Naumanns Nationalsozialen Vereins 1896 beteiligt und prägte die Diskussion um das Verhältnis von Kirche und Recht (*Thier* 2010, S. 539ff.).

233 *AD ParlR*, V. Nr. 24, S. 519.

tesbezug anstrebe: „Den lieben Gott für all die Dummheiten, die hier gemacht werden, verantwortlich zu machen, ist eine theologische Überhebung."[234] Weber schlug in Erwiderung die weniger direkte Formulierung „in Verantwortung vor Gott"[235] vor.

Leider fand die Diskussion im Anschluss bereits durch die Vertagung der Sitzung ihr Ende. Im Vorfeld der Diskussion wurde in der interfraktionellen Sitzung jedoch seitens der SPD eine Bereitschaft zur Aufnahme der invocatio dei geäußert.[236] Im Entwurf zur nächsten, die zweite Lesung der Präambel zum Thema habenden Sitzung (16. November 1948) lautete die Formulierung: „Im Vertrauen auf Gott [...]."[237] Indes ist festzustellen, dass die Zurückweisung einer Ableitung der Verfassung aus dem Göttlichen hier auf keinen nennenswerten Widerstand im Gremium traf. An dieser Stelle vorausgegriffen sei darauf verwiesen, dass die invocatio dei in der ersten Lesung im Hauptausschuss auf ebenso wenig Widerstand trifft, in der von Mangoldt diese, in einem Atemzug mit der Betonung des Ursprungs des Grundgesetzes aus den sittlichen Kräften Deutschlands nennt.[238]

Die Formulierung findet schließlich in der leicht abgewandelten Fassung „Im Bewußtsein seiner Verantwortung vor Gott und den Menschen [...]" Eingang in das Grundgesetz. Eine Fassung die – unter anderen Hartmut Kreß folgend[239] – mehr eine nominatio dei, also eine bloße Nennung ist, als eine direkte Anrufung. Es wurde damit also in der Gesamtsicht kein „Einfallstor" des Überpositiven ins Grundgesetz geschaffen.[240]

---

234 a.a.O., V. Nr. 24, S. 519f.

235 a.a.O., V. Nr. 24, S. 520.

236 a.a.O., XI. Nr. 6, S. 29.

237 Entwurf von Mangoldt a.a.O., V. Nr. 27, S. 555, Fn. 6 (Von Mangoldt spricht allerdings innerhalb der Sitzung die Webersche Formulierung „[...] Verantwortung vor Gott [...]" (a.a.O., V. Nr. 27, S. 565, 567, 573, 575)). Das Ergebnis der zweiten Diskussion, in der lediglich um die Formulierung dieses Satzes gerungen wurde, lautete: „Im Bewußtsein der Verantwortung vor Gott." (a.a.O., V. Nr. 27, S. 576).

238 a.a.O., XIV. Nr. 26, S. 765. Die CDU/CSU-Fraktion, die dieser Gottesnennung sehr positiv gegenüberstand, war darüber informiert (Sitzung vom 22. Oktober 1948), dass auch der SPD-Abgeordnete Schmid – wohl sogar in der Formulierung „allmächtiger Gott" – zustimmen könnte (*Fr. Prot. CDU/CSU*, Nr. 19, S. 85).

239 *Kreß* 2015, S. 152; als nominatio dei in Abgrenzung von der Anrufung (invocatio) auch bei *Czermak* 1999, S. 1300; auch *Ennuschat* 1998, S. 954 weist darauf hin, dass es sich lediglich um eine Nennung und nicht um eine Anrufung handelt.

240 Um Einfallstor für das Überpositive zu sein, muss die Präambel eine gewisse Rechtserheblichkeit aufweisen. Dass diese Rechtserheblichkeit intendiert ist, stellte Schmid in der zweiten Lesung des Grundgesetzes im Plenum heraus (*AD ParlR*, IX. Nr. 9, S. 437).

b. *Diskussion zu Art. 21 (10. November 1948)*

In der darauffolgenden Sitzung entbrannte eine Diskussion um die Frage, ob die Staatsgewalt vom Volke ausgeht. Dagegen wurde die Position angeführt, dass schlussendlich Gott den Ausgangspunkt aller Staatsgewalt einnimmt.[241]

Es zeigte sich mitunter Anschluss an die vorgehende Sitzung (s.o. III.4.a.). Heuss gab zu bedenken: „Ich bin ganz damit einverstanden, wenn wir die invocation dei mit hineinbringen […]. Wir müssen gerade in der Konkretisierung der demokratischen Republik diese Bezugsmöglichkeiten, die ich durchaus in der individuellen Auffassung von diesem oder jenem akzeptiere, wo es sich um rechtsverbindliche Dinge handelt, ausscheiden […].“[242] Es war insbesondere auch Weber, die für eine Berücksichtigung kämpfte.[243] Sie erklärte, es ginge um Metaphysik, um Weltanschauung und warb: „Wir sollten bei der Verfassung irgendwie aufeinander Rücksicht nehmen, ohne daß Metaphysisches ausgesprochen wird. […] Man kann die Auffassung von Staat so zum Ausdruck bringen, daß die metaphysischen Ansichten der Einzelnen dabei geschont werden.“[244] Zimmermann[245] brachte dagegen ein: „Man soll auch nicht etwas hineingeheimnissen.“[246] Das Gremium entschied sich schlussendlich gegen eine explizite Berücksichtigung und einigte sich auf die Formulierung: „Die Staatsgewalt geht vom Volk aus.“[247]

Bei einer kursorischen Betrachtung der Diskussion dieser Sitzung ist zudem festzuhalten, dass im Grundsatzausschuss in dieser Sitzung grundsätzlich eine Opposition gegen die Verankerung von Metaphysischem im Grundgesetz artikuliert

241 Schmid gestützt von von Mangoldt bringt diese Ansicht mit dem Verweis auf den Ursprung im kirchlichen Bereich ein (a.a.O., V. Nr. 25, S. 524f.).

242 a.a.O., V. Nr. 25, S. 526; es sei darauf hingewiesen, dass Heuss dennoch die Gottesnennung grundsätzlich ablehnt.

243 a.a.O., V. Nr. 25, S. 526f. Unter Berücksichtigung ihrer Biographie (s.u. Anhang 1.a.(5)) erscheint dies erklärlich.

244 a.a.O., V. Nr. 25, S. 527.

245 Gustav Zimmermann (1888–1949), SPD, Mechaniker und Seemann sowie als kaufmännischer Angestellter angestellt, kämpfte als Soldat im Ersten Weltkrieg, war Verlagsleiter (Mannheimer Stimme) und wurde 1933 durch Nationalsozialisten in Schutzhaft genommen (Parallelität in der Verfolgung zu anderen Mitgliedern, siehe dazu auch II.2.). Nach der Kapitulation Deutschlands hatte er diverse politische Ämter inne, war u.a. Mitglied der Verfassungsgebenden Versammlung in Württemberg-Baden und des Landtages von Württemberg-Baden (*Feldkamp* 1999, S. XVI; *Lange* 2008g; *Notz/Wickert* 2009, S. 94).

246 *AD ParlR*, V. Nr. 25, S. 528.

247 a.a.O., V. Nr. 25, S. 528; Nr. 26, S. 550.

wurde.[248] Ein weiterer darauf zielender Versuch seitens der CDU im Hauptausschuss (15. Dezember 1948), das Volk nicht als Ausgangpunkt der Staatsgewalt zu manifestieren, wurde ohne weitere Diskussion abgelehnt.[249]

5. Die zweite Lesung des Artikel 1 (18. und 19. November 1948)

Zur zweiten Lesung lag ein Entwurf der Artikel 1 bis 20 des Allgemeinen Redaktionsausschusses[250] vor, welcher unter anderem auch für Artikel 1 eine stark abweichende Formulierung und Struktur sowie inhaltliche Inkongruenz vorsah.[251] Diese nicht unerheblichen Abweichungen stießen beim Grundsatzausschuss auf wenig Zustimmung,[252] die fehlende Rekursion auf die ‚ewigen Rechte' geriet daher schnell in den Mittelpunkt der Diskussion, nachdem die vom Allgemeinen Redaktionsausschuss aufgegriffene Formulierung mit dem Postulat ‚heilige Verpflichtung' als unglücklich herausgestellt worden war.[253]

Es war Bergsträsser, der in Abgrenzung zu Thomas Ausführungen (s.o. III.3.b.) die Diskussion um den Stellenwert des vorstaatlichen Rechts in der Konstruktion des Grundgesetzes eröffnete. Entsprechend seiner Haltung in vorhergegangenen Sitzun-

---

248 Explizite Aussagen gegen die Hereinnahme von Metaphysischem/Theologischem liegen von Heuss, Schmid, Weber und Zimmermann vor (a.a.O., V. Nr. 25, S. 526ff.).

249 a.a.O., XIV Nr. 27, S. 799 im Rahmen der zweiten Lesung (Fraktionsbeschluss vom 13. Dezember 1948, *Fr. Prot. CDU/CSU*, Nr. 59, S. 274; bekräftigt a.a.O., Nr. 65, S. 284).

250 Der allgemeine Redaktionsausschuss ist ein von den o.g. Redaktionsausschüssen des Grundsatzausschusses zu unterscheidendes Gremium. Es nahm aufgrund interfraktioneller Vereinbarungen vom 2. November bereits am 5. November 1948 die Arbeit auf und sollte als Vorarbeit für den Hauptausschuss die Arbeit der Fachausschüsse – und so auch des Grundsatzausschusses aufarbeiten. Die Arbeit des Ausschusses wurde bisweilen auch vom Hauptausschuss nicht unkritisch gesehen und zeitweise sogar zurückgewiesen (*Feldkamp* 2009, S. XIXf.; bspw. *AD ParlR*, XIV. Nr. 27, S. 788). „Nicht unberechtigt waren die Klagen, daß mit den redaktionellen Änderungen auch substanzielle Veränderungen am Sinn der Entwürfe der Fachausschüsse vorgenommen wurden." (*Feldkamp* 1998, S. 107).

251 Art. 1: „Die Würde des Menschen zu achten und zu schützen, ist die heilige Verpflichtung aller staatlichen Gewalt." Art. 1a: „Die Freiheit des Menschen, seine Verpflichtung gegenüber dem Nächsten und gegenüber der Gesamtheit, die Gleichheit und die soziale Gerechtigkeit sind Grundlage aller menschlichen Gemeinschaft. Ihrem Schutze dienen die Grundrechte." (*AD ParlR*, V. Nr. 28, S. 578; vergleiche dazu die Fassung des Grundsatzausschusses nach der ersten Lesung a.a.O., V. Nr. 5, S. 86, Fn. 41).

252 Explizit ablehnend z.B. der Ausschussvorsitzende von Mangoldt, Eberhard und Heuss (a.a.O., V. Nr. 29, S. 585ff.) Die Unzufriedenheit mit dem Allgemeinen Redaktionsausschusses wird auch im Weiteren immer wieder deutlich, so z.B. a.a.O., V. Nr. 30, S. 603f.

253 Der Vorsitzende von Mangoldt stellt die einheitliche Meinung des Grundsatzausschusses fest, zur eigenen Formulierung zurückzukehren (a.a.O., V. Nr. 29, S. 589).

gen (s.o. III.1. u. 2) erklärte er: „Denn es ist bei uns gar nicht gesagt, daß diese [ewigen][254] Rechte als Grundlage für jeden Staat existieren. Es ist vielmehr nur gesagt, daß wir subjektiv als Deutsche uns entschlossen haben, sie [...] für die Zukunft geltend zu machen.“[255]

Während Weber Bergsträssers Ansicht teilte, machten Heuss und von Mangoldt dem gegenüber ihre Bedenken deutlich und der Vertreter des Allgemeinen Redaktionsausschusses Thomas Dehler[256] argumentierte, dass der Redaktionsausschuss dort gerade dieser Schwierigkeit aus dem Weg gehen wollte.[257] Von Mangoldt konkretisierte seine Einstellung: „Die Würde des Menschen ist nicht allein in diesen Rechten begründet. [...] Sie sind eine Grundlage dafür. In dieser Absolutheit ist der Satz zuviel [sic].“[258] Der Ausschussvorsitzende versuchte mit dem Verweis auf die angeblich gründlich ausgearbeitete[259] Erklärung der Menschenrechte der Vereinten Nationen die Diskussion vorübergehend abzubrechen.[260] Allerdings blieben die vorstaatlichen Rechte weiter Inhalt der Diskussion.

Von Mangoldt griff hierbei den – ohne ihn namentlich zu nennen – Schmidschen Ansatz zum naturrechtlichen Einfluss in das Grundgesetz (s.o. III.2.b.) auf – nämlich einen historischen Ansatz: „[Die Grundrechte sind] auslegungsfähig in dem Sinne, in dem sie in der Vergangenheit gewachsen sind. [...] Damit ist also dieser Gedanke des natürlichen Rechts, dieses gewachsenen Rechts, der alten Freiheitsrechte unmittelbar in den Grundrechten verkörpert.“[261] Auch von Mangoldt bezog sich nicht auf

---

254 Einschub LCG, in Bezug auf Thoma (s.o. u. siehe a.a.O., V. Nr. 18, S. 362).

255 a.a.O., V. Nr. 29, S. 592.

256 Thomas Dehler (1897–1967), FDP, war Soldat im Ersten Weltkrieg, promovierter Jurist und hatte zur Zeit des Nationalsozialismus Verbindungen zum Widerstand, war zeitweise in Haft. Er wurde 1947 Generalstaatsanwalt für Oberfranken sowie auch Generalankläger am Kassationshof beim bayerischen Sonderminister für politische Justiz. 1947 bis 1949 war er zudem Präsident des Oberlandesgerichts in Bamberg. Dehler war außerdem Gründungsmitglied der FDP in Bayern (*Lange* 2008f).

257 *AD ParlR*, V. Nr. 29, S. 592f.

258 a.a.O., V. Nr. 29, S. 593.

259 Es ist gerade zu dieser Erklärung überliefert, dass die Teilnehmer des Gremiums, das die Erklärung ausarbeitete, verwundert waren, dass eine solche Listung von Rechten zustande kam; zuträglich dafür war die nicht gegebene Notwendigkeit der Begründung (dazu z.B. *Kirchhof* 2012, S. 44). Als Anlass wurde damals die erst jüngst erlebte und noch höchst präsente Barbarei angeführt, die im Kontext des Zweiten Weltkriegs die Welt erschüttert hatte (dazu *Lohmann/Gosepath* 1998, S. 7).

260 *AD ParlR*, V. Nr. 29, S. 593; dem Ausschuss lag zumindest ein Entwurf vom 7. Oktober 1948 vor (a.a.O., V. Nr. 10, S. 220ff.).

261 a.a.O., V. Nr. 29, S. 594; er nennt dies ähnlich wie Schmid (s.o.) als zulässige Auslegungshilfe für die Richter bei der Auslegung der Grundrechte.

eine konkrete naturrechtliche Schule, sondern nannte die Grundrechte eine Neuformulierung der „[…] alten gleichen und unveräußerlichen Freiheitsrechte […] für unsere Zeit […].“[262] Es sollten also in dieser Zeit Rechte formuliert werden, die man aus der historischen Erfahrung zu diesem Zeitpunkt als unveräußerlich anerkennen wollte. Gleichzeitig wurde dadurch eine Flexibilität in den Grenzen des Wortlauts gewährt, die dem Richter eine situationsangepasste Rechtsprechung ermöglicht, der Richter könne sich „[…] immer auf den wechselnden Gehalt des Naturrechts berufen.“[263] Diese ‚Elastizität‘ fand auch bei anderen Ausschussmitgliedern – namentlich z.B. Bergsträsser – bei der Fortsetzung der Diskussion am Folgetag Zustimmung.[264] Im letzten Punkt der von Mangoldtschen Ausführungen war, zumindest gegenüber dem im Schmidschen Ansatz zuvor Artikulierten, eine Weiterentwicklung zu erkennen.

Die Anpassungsfähigkeit des Naturrechts war indes auch ein bereits für das Naturrechtsverständnis von dem, bereits im Referat von Bergsträsser als Quelle angesprochenen (s.o. III.1.b), allerdings in dieser Diskussion und insbesondere von von Mangoldt nicht erwähnten, griechischen Gelehrten Aristoteles charakteristisches Element. Nach Aristoteles soll das Naturrecht entsprechend der Veränderlichkeit der Natur auch über die Zeit Anpassung finden können. Naturrecht ist nach diesem Verständnis also nichts Statisches.[265]

Schlussendlich fand der Verweis auf die ewigen Rechte keinen Eingang in die Artikelfassung nach dieser Ausschusssitzung, dagegen war im Entwurf des Absatzes 2 der Verweis auf die gleichen und unveräußerlichen Freiheits- und Menschenrechte festgehalten.[266]

Am Rande ist zu bemerken, dass die Vertreter der CDU/CSU-Fraktion darauf verzichteten, den in der Fraktionssitzung vom 5. Oktober 1948 beschlossenen Zusatz „ewigen von Gott gegebenen Rechte“ in die Diskussion einzubringen. Weiter wurde

---

262 a.a.O., V. Nr. 29, S. 594.

263 a.a.O., V. Nr. 29, S. 601.

264 a.a.O., V. Nr. 30, S. 603.

265 *Brieskorn* 2007, S. 98f. wertet zur Frage des Wesens des Naturrechts bei Aristoteles die „Nikomachische Ethik“, die „Magna Moralia“, die „Politik“ und die „Rhetorik“ aus. Dabei erklärt er zur Flexibilität: „Es ist das Naturrecht ein Recht, das […] über längere Dauer hinweg gilt und somit wegen der grundsätzlichen Veränderbarkeit der Natur […] also gerade nicht völlig starr ist.“ (a.a.O., S. 98).

266 *AD ParlR*, V. Nr. 30, S. 620, Fn. 32.

in dieser Fraktionssitzung eine Öffnung des Katalogs für weitere Rechte vorgeschlagen.[267]

6. Weitere Beiträge im Rahmen der zweiten Lesung

a. *Diskussion zu Artikel 2 (19. November 1948)*

Die Sitzung widmete sich auch dem Artikel 2 in einer kurzen Diskussion einer Vorlage des ausschussinternen Redaktionsausschusses.[268] Dabei stand insbesondere der Begriff Sittengesetz im Mittelpunkt und was darunter zu verstehen sei. Das Sittengesetz war bis zu diesem Zeitpunkt noch nicht Teil der Schranken dieses Artikels.[269] Die Unbestimmtheit rief mitunter Unwohlsein hervor.

Der Vorsitzende von Mangoldt, der damit von der Meinung seiner eigenen Fraktion abwich[270], führte die Motivation für die Einfügung des Redaktionsausschusses aus: „Wir waren uns der Unbestimmtheit des Begriffs ‚Sittengesetz' durchaus bewusst und entschlossen uns, das Wort ‚natürlich' wegzulassen."[271] Konkretisierend erklärte er: „Eine einheitliche Rechtsprechung wird feste Rechtsätze dazu ausbilden. Auch das Verfassungsleben ist dem Wechsel unterworfen."[272] Zudem könne in den

---

267 *Fr. Prot. CDU/CSU,* Nr. 10, S. 52; Sitzung vom 5. Oktober 1948; abweichend wurde am 19. Oktober 1948 lediglich auf die „ewigen Rechte" abgestellt, die einzubringen seien (a.a.O., Nr. 18, S. 83) und die eingebracht wurden (s.o.); es wurde in der Sitzung vom 5. Oktober zudem vorgeschlagen, die Formulierung „Deshalb werden die folgenden Grundrechte" zu „insbesondere folgende" zu ändern. Am 3. November wurden die Änderungswünsche vom 5. Oktober wieder bekräftigt, mit der Möglichkeit der abweichenden Variation „Von Gott […] unveräußerlichen Rechte" (a.a.O., Nr. 22, S. 122). Diese Forderungen wurden nach dieser Sitzung aufrechterhalten (Sitzung vom 23. November; a.a.O., Nr. 36, S. 167).

268 Abs. 2: „Jeder hat das Recht auf freie Entfaltung seiner Persönlichkeit, soweit er nicht die Rechte anderer verletzt und nicht gegen die verfassungsmäßige Ordnung oder das Sittengesetz verstößt." (*AD ParlR*, V. Nr. 30, S. 606).

269 a.a.O., V. Nr. 5, S. 76f.; Schmid macht in dieser ersten Sitzung zum Art. 2 (23. September 1948) bereits darauf aufmerksam, dass die Schranke „Rechtsordnung" zu eng gefasst sei: „Man kann damit viel Unheil anrichten. Wir haben das schon erlebt. Man kann entsprechende Gesetze erlassen, die einer differenziellen Behandlung Tür und Tor öffnen." (a.a.O., V. Nr. 5, S. 76). Interessant ist in diesem Kontext, dass die SPD in ihren „Nürnberger Richtlinien für den Aufbau der Deutschen Republik" von 1947 das Sittengesetz als Freiheitsschranke vorsah (abgedruckt bei *Feldkamp* 1999, S. 45ff., insb. S. 47).

270 Am 3. November 1948 hatte die CDU/CSU-Fraktion beschlossen, die „natürlichen Sittengesetze" in Art. 2 Abs. 2 zu verankern (*Fr. Prot. CDU/CSU,* Nr. 22, S. 122). Die Fraktion schloss sich der in dieser Sitzung gefundenen Formulierung allerdings am 23. November 1948 an (a.a.O., Nr. 36, S. 167f.).

271 *AD ParlR*, V. Nr. 30, S. 607.

272 a.a.O., V. Nr. 30, S. 608.

Rechtsnormen der „[...] sittliche Gehalt nur selten richtig zum Ausdruck gebracht werden [...]"[273] und es sei dadurch von einer rein positivistischen Auslegung des Grundgesetzes abzulenken.[274]

Die hier vollzogene Hereinnahme des Sittengesetzes und deren Diskussion bezeugten eine Ablehnung der Rekursion auf ein natürliches Sittengesetz sowie eine Fortführung des zuvor aufgeworfenen Elastizitätsgedankens (s.o. III.5.). Woraus sich das jeweils aktuelle Sittengesetz speist, ist somit nicht konkret festgelegt, findet zumindest seinen Ursprung nicht statisch in einer konkreten Naturrechtsschule.[275] Vielmehr weist es eine gewisse Anpassungsfähigkeit an die sich wandelnden gesellschaftlichen Verhältnisse auf.

b. *Diskussion zum Elternrecht (4. Dezember 1948)*

Es bedurfte einiger Sitzungszeit bis es zum erneuten Aufruf naturrechtlicher Erwägungen kam. Neben der Thematik bildeten hierzu auch ein Teil der in der 29. Sitzung anwesenden Diskutanten einen zuträglichen Nährboden – so zum Beispiel die Abgeordneten Bergsträsser, Süsterhenn und Werber.[276]

Die Diskussion zur Einbeziehung eines Schutzes der Ehe und Familie, auch im Kontext der Schulbildung und möglicher Konfessionsschulen, in den Bereich der Grundrechte des Grundgesetzes veranlasste Bergsträsser von einem natürlichen Elternrecht zu sprechen. Er formulierte in Bezug auf die Erziehung, insbesondere auch in Glaubensfragen: „Es ist das ein natürliches Recht der Eltern, das ihnen niemals abgesprochen werden sollte, und wenn wir uns so leidenschaftlich für die Menschenrechte einsetzen, [...] so setzen wir uns ebenso, [...], für die Elternrechte ein, [...]."[277] Weiterhin forderte er, „[...] das natürliche Recht der Eltern zu verteidigen und als Grund- und Leitsatz aufzunehmen."[278]

---

273 a.a.O., V. Nr. 30, S. 607.

274 a.a.O., V. Nr. 30, S. 607.

275 Diese Lesart ebenso bei *Sprenger* 2005, S. 405f., S. 416.

276 Es sei hier nur auf ihre Ausführungen in den vorangegangenen, hier behandelten Diskussionen (s.o. in diesem Kap. III.) und zu Süsterhenn s.o. II.1.d. (Fn. 104) und Anhang 2 hingewiesen.

277 *AD ParlR*, V. Nr. 38, S. 813; er verweist auf die besondere Bedeutung ihres Schutzes auch in Bezug auf die Erfahrungen zur Zeit des Nationalsozialismus.

278 a.a.O., V. Nr. 38, S. 814.

Während zunächst Widerspruch[279] gegen eine Aufnahme eines solchen Elternrechts laut wurde, sprang unter anderen Wilhelm Heile dem Abgeordneten Bergsträsser bei und erklärte: „Ich [...] lehne mit Entschiedenheit einen Staat ab, der über das Recht der Eltern hinweg bestimmt, wie es die Eltern mit ihren Kindern halten sollen."[280]

Süsterhenn versuchte eine in Anlehnung an die Weimarer Reichsverfassung (Art. 120 WRV) gestaltete und so bereits in der CDU/CSU-Fraktion intern vereinbarte[281] Formulierung als Konsens festzustellen: „Pflege und Erziehung der eigenen Kinder ist das natürliche Recht der Eltern und die zuvörderst obliegende Pflicht."[282]

Die Abgeordnete Weber bekräftigte mit Verweis auf die Einstellung der Anhänger der Union, dass das Recht, über die Erziehung ihrer Kinder zu entscheiden, ein natürliches Recht sei und auch Heuss erkannte dieses Recht der Eltern an. Beide bezogen dabei explizit die Eindrücke der Nichtgewährung in der Zeit des Nationalsozialismus mit ein.[283] Allerdings konnte zu diesem Zeitpunkt zum Eltern- respektive Erziehungsrecht keine Einigung herbeigeführt werden und die Diskussion wurde durch den Ausschussvorsitzenden abgebrochen.[284]

In der vom Allgemeinen Redaktionsausschuss redigierten Fassung vom 13. Dezember 1948 befand sich dann allerdings ein Art. 7b Abs. 1 Satz 1 mit der Formulierung „Pflege und Erziehung des Kindes ist das natürliche Recht der Eltern und die oberste Pflicht." [285] Eine dazu angefügte Anmerkung soll in Anlehnung an die Weimarer Reichsverfassung die Artung der Natürlichkeit des Elternrechts illustrieren, als „[...] daß das Recht der Eltern nicht vom Staate verliehen sei, nicht aber [...] daß es der Gesetzgebungshoheit entrückt ist."[286]

---

279 z.B. Heuss und von Mangoldt, eher zustimmend dagegen Weber oder Süsterhenn (a.a.O., V. Nr. 38, S. 814).

280 a.a.O., V. Nr. 38, S. 817; Heile führt diese Forderung auf den „alten Liberalismus" zurück (a.a.O.).

281 *Fr. Prot. CDU/CSU*, Nr. 15, S. 73, die Formulierung geht hier zurück auf die Abgeordnete Weber und lautet abweichend: „Die Erziehung der Kinder ist das natürliche Recht und oberste Pflicht der Eltern."

282 *AD ParlR*, V Nr. 38, S. 823.

283 a.a.O., V. Nr. 38, S. 824.

284 a.a.O., V. Nr. 38, S. 835.

285 a.a.O., V. Nr. 40, S. 880.

286 a.a.O., V. Nr. 40, S. 880.

Beim Elternrecht zeigte sich eine suprafraktionelle Einigkeit: Das Recht der Erziehung und Pflege der Kinder obliegt von Natur aus den Eltern, ist aber nicht sakrosankt; Eingriffe durch die staatliche Gemeinschaft sind zulässig. Offen ist die Frage, woher dieses Recht als natürliches Recht rührt – nicht jede Naturrecht berücksichtigende Ordnung erkennt das natürliche Elternrecht an.[287]

Die Begründung eines solchen Naturrechts erscheint hier divers: Heile stellte dieses explizit in eine liberale Tradition[288], bei Weber und Süsterhenn ist die Fundierung weniger explizit; es war indes das Elternrecht bei ihnen als aus der christlichen Lehre[289] abgeleitet anzunehmen[290] – Weber wird im Laufe einer folgenden Sitzung (16. Dezember 1948) entsprechende auf die Gewährung des natürlichen Elternrechts abzielende Eingaben aus dem christlichen, insbesondere katholischen Milieu, einbringen.[291] Die Qualifizierung als nicht anzutastendes Naturrecht wurde seitens der

287 Beispielhaft dafür kann Platons Politeia angeführt werden (zum Naturrecht bei Platon siehe *Spaemann* 2007, S. 324ff.; *Fechner* 1968, S. 162), in der für die Wächterklasse die Erziehung nicht in einem klassischen Familienkreis erfolgen soll, sondern in der Gemeinschaft; es ist eine Güter- aber auch Kinder(-erziehungs-)gemeinschaft vorgesehen (*Platon,* Poleteia, Abs. 462aff.).

288 Der Liberalismus bediente sich zeitweilig des Naturrechts zur Begründung der geforderten Autonomie, der Zurückdrängung des Staats aus gewissen Lebensbereichen (dazu *Stolleis* 2014, S. 46f.). In diesem Zusammenhang ist auf den liberalen Theoretiker John Locke, einen der Väter des liberalen Rechtstaates (dazu *Stern* 2003, § 1, Rn. 11), zu verweisen. Dieser erklärt: „Ja, diese Gewalt gehört dem Vater so wenig durch ein ihm eigentümliches Naturrecht, sondern nur in seiner Eigenschaft als Vormund seiner Kinder, daß, wenn er die Fürsorge für sie aufgibt, er auch die Gewalt über sie verliert, die mit der Ernährung und Erziehung der Kinder Hand in Hand geht und untrennbar mit ihr verbunden ist, [...]. Sowenig Gewalt über seine Nachkommenschaft gibt einem Mann der bloße Akt der Zeugung, wenn alle Sorge damit ein Ende hat, und dies der ganze Rechtstitel ist, den er auf den Namen und die Autorität eines Vaters besitzt." (*Locke* 1977 [1689], S. 239) Darin zeigt Locke – der Intention des Parlamentarischen Rates entsprechend – auf, dass das Recht, das den Eltern (dem Vater) durch den natürlichen Zeugungsakt zukommt bereits mit einer Verpflichtung untrennbar verbunden ist.

289 Es sei bspw. auf die zentrale Figur der christlichen Naturrechtslehre Thomas von Aquin hingewiesen, der solches Elternrecht als Naturrecht bereits in seiner Theorie kennt (dazu *Schwab* 2006, S. 11).

290 Es ist in diesem Zusammenhang auch auf das Ansinnen der CDU/CSU-Fraktion aufmerksam zu machen, explizit christliche Grundsätze in die Verfassung einzubringen. Dazu Vorschläge zu erarbeiten war auch konkret Aufgabe der Abgeordneten Weber (*Fr. Prot. CDU/CSU,* Nr. 11, S. 55, betont durch Adenauer a.a.O., Nr. 21, S. 95).

291 *AD ParlR,* V. Nr. 41, S. 902f.; dabei Eingaben z.B. der Erzdiözese Köln, des Katholikenkomitees Paderborn, des Katholikenausschusses Osnabrück oder den evangelischen Bischöfen; a.a.O., Fn. 55 verweist auf eine Masse solcher zumindest ähnlichen Eingaben, die beim Parlamentarischen Rat eingingen.

Vertreter der evangelischen und katholischen Kirchen darüber hinaus bei einem Treffen mit den Abgeordneten am 14. Dezember 1948 bekräftigt.[292] Beim Abgeordneten Heuss ist die Fundierung diffuser, es ist dennoch auch bei ihm eine liberale Begründung zu konstatieren.[293]

Es liegt überdies nahe, dass der Konsens über die Natürlichkeit des grundsätzlichen Rechts der Eltern zur Pflege und Erziehung ihrer Kinder, eine insbesondere vom Nationalsozialismus sich abgrenzende, explizite Anerkennung der natürlichen Eltern-Kind-Beziehung[294] widerspiegelt und die Festschreibung dessen im Artikel nicht auf eine Festschreibung von Vorstellungen einer bestimmten Naturrechtsschule schließen lässt.[295]

c. Beiträge zur Naturrechtsdiskussion durch behandelte Eingaben (6. Dezember 1948)

In der 30. Sitzung des Grundsatzausschusses fanden abermals Eingaben Behandlung. Eine der umfangreichsten Eingaben stellte die der DP dar. Diese ist insoweit erwähnenswert, als dass die DP für Artikel 1 einen Rekurs auf die ewigen Rechte forderte. Der Grundsatzausschuss überging diese Forderung allerdings, während er auf andere Anregungen intensiver einging.[296]

Im Rahmen der Eingaben trat zudem eine studentische Gruppe mit einem einschlägigen und zugleich kuriosen Beitrag in Erscheinung, in dem sie forderte „Wir halten es deshalb für selbstverständlich, daß das natürliche Grundrecht auf Bildung in der Verfassung eines Fortschrittlichen Staates verankert wird […].“[297] Auf die Ausprä-

---

292 a.a.O., V. Nr. 41, S. 905, Fn. 84.

293 Dieser Schluss ist insbesondere unter Hinzuziehung seiner Biographie und der darin aufgezeigten Verortung im politisch liberalen Spektrum (s.u. Anhang 1.c.(1)) zu rechtfertigen.

294 Es ist eine Eigenschaft des Naturrechts von Thomas von Aquin, dass das Naturrecht nicht nur aus der Natur des Menschen entspringt, sondern aus der Natur der Sache, wobei dabei Dinge nicht als „körperlich-physikalisch, sondern als Wesenheit zu fassen sind.“ (*Küchenhoff/Wollenschläger* 1981, S. 210) Hierbei sind Wesenheiten zwischenmenschlicher Natur (a.a.O., S. 210).

295 Bejahend auch *Stober* 1982, S. 476; es ist darin der von Natur aus, aus dem Zeugungs- und Geburtsakt resultierende elterliche, auf das Kind wirkende Gestaltungsraum verbürgt (dazu auch *Heiß* 2015, S. 491).

296 a.a.O., V. Nr. 39, S. 855ff.

297 a.a.O., V. Nr. 39, S. 872.

gung als ein natürliches Recht wurde nicht weiter eingegangen, auch wurde die Diskussion insgesamt zu dieser studentischen Eingabe, der Abwegigkeit der Forderung entsprechend, schnell beendet.[298]

7. Diskussion der Formulierung des Allgemeinen Redaktionsausschuss und Hauptausschusses: Diskussion Art. 1 (11. Januar 1949)

Der Iterativität des Prozesses geschuldet, befasste sich der Grundsatzausschuss im Januar 1949 abermals mit dem ersten Artikel. Es waren nun die Formulierungen hinzugekommen, die der Allgemeine Redaktionsausschuss und der Hauptausschuss getroffen hatten. Der Vorsitzende von Mangoldt erarbeitete dazu Formulierungsvorschläge.[299]

In der sich anschließenden Diskussion sticht die Aussage des Abgeordneten Heuss zum Verhältnis der Menschenwürde zur staatlichen Ordnung hervor: „Sie [die Menschenwürde] steht im Schutz, im Gehege, in der Getragenheit der staatlichen Ordnung, aber nicht so, daß staatliche Gewalt sie fortgesetzt überwacht, damit ihr keine Gewalt angetan wird."[300] Die Menschenwürde steht für Heuss also unter dem Schutz der staatlichen Ordnung, ist aber auch durch diese getragen und gewährt und steht damit nicht unabhängig daneben oder darüber, sondern ist Teil dieser; nach der Süsterhennschen Lesart der Heusschen Aussage ist die Menschenwürde gar im Mittelpunkt der Rechtsordnung.[301]

Im Laufe der Diskussion geriet wieder die Fundierung der Menschwürde sowie der Menschenrechte in den Mittelpunkt der Diskussion. Während die Einschätzung Süsterhenns, die Menschenwürde als höchster diesseitiger Wert sei Konsens, auf keinen expliziten Widerstand traf,[302] wurde sein Versuch in den zweiten Absatz die Fundierung der Menschen- und Freiheitsrechte im Rekurs auf Radbruch[303] überpositiv,

298 a.a.O., V. Nr. 39, S. 872f.

299 a.a.O., V. Nr. 42, S. 910f. (dazu auch S. 911, Fn. 6).

300 a.a.O., V. Nr. 42, S. 912 (Einschub LCG).

301 a.a.O., V. Nr. 42, S. 912f.; zustimmend u.a. Weber und Kaiser. Indes dürfte sich das Verständnis von Heuss und Süsterhenn unterscheiden: Während Heuss von der Getragenheit durch die staatliche Ordnung spricht, geht Süsterhenn von staatlicher Anerkennung und Achtung aus.

302 a.a.O., V. Nr. 42, S. 915; Weber stellte zuvor fest, die Menschenwürde würde auf „tieferen Gründen" beruhen (a.a.O., V. Nr. 42, S. 915).

303 Der Verweis auf den prominenten Heidelberger Rechtsphilosophen und ehemaligen Justizminister Gustav Radbruch mag sich aus seinen Nachkriegspublikationen erschließen (siehe z.B. *Radbruch* 1946 – Aufsatz gesetzliches Unrecht und übergesetzliches Recht), allerdings ist Radbruch – der vor der Zeit des Nationalsozialismus zu den Rechtspositivisten zu zählen war

als durch Gott oder von Natur aus gegeben, einzubringen, durch Heuss zurückgewiesen und vom Gremium nicht weiter thematisiert.[304]

8. Zwischenergebnis

Bereits am 27. Januar 1949 tagte der Grundsatzausschuss mit einer Sitzung zu den Gebietsfragen und zur Freizügigkeit zum 36. und letzten Mal.[305] Schon davor, ab Dezember 1948 befasste sich der Hauptausschuss (s.u. IV.) mit den Vorlagen des Ausschusses. Betrachtet man die Intensität der Naturrechtsdiskussion, so nahm diese im Grundsatzausschuss nur eine nachgeordnete Position ein und ebbte mit zunehmendem Fortgang der Ausschussarbeit ab.

Eine bedeutende Rolle nahm die Naturrechtsdiskussion im Kontext des Artikel 1 und der damit verbundenen Menschenwürde-, Grund- und Freiheitsrechtegarantien ein. Am Rande flammte eine solche unter anderem bei der Eigentums- oder Elternrechtsfrage, bei der Frage nach der Quelle der Staatsgewalt sowie der Frage zur Hereinnahme einer invocatio dei auf.

Gerade zu Beginn schien Naturrecht als Grundlage der Grund- und Freiheitsrechte noch eine bei den Ausschussmitgliedern verbreitete Annahme zu sein; sie wurde zudem aus dem Plenum in den Ausschuss getragen (s.o. III.1.). Dass die Grundrechte auf dem Naturrecht beruhen, aus dem Naturrecht abzuleiten sind, schien zumindest bei den beiden großen Fraktionen Konsens – bezeichnend für die Diskussion ist allerdings die allgegenwärtige D i f f u s i t ä t d e s N a t u r r e c h t s b e g r i f f s in diesem Stadium, obschon eine konkrete Fundierung von einem Teil der Ausschussmitglieder gefordert wurde. Eine solche wurde im Hauptausschuss nicht greifbar.

(z.B. *Rosenbaum* 1972, S. 130) – nicht den klassischen Überpositivisten im Bereich der Rechtswissenschaften zu zurechnen, sein Weg wird mitunter als „dritter Weg“ bezeichnet (siehe dazu *Grote* 2006, S. 206ff.; dazu auch die Nebeneinanderstellung von Kelsen und Radbruch (Konklusion dort: Radbruch ging einen Schritt weiter) unter Vernachlässigung des Schlusses durch den Rechtsphilosophen *Marcic* 1968, S. 82ff.). Insbesondere warnte Radbruch vor der Auferweckung alter Naturrechtsideen (*Grote* 2006, S. 217). Die Intention Süsterhenns mit Rekurs auf Radbruch muss wohl als Fehlinterpretation Radbruchs seitens Süterhenns eingeordnet werden (zusätzlich dazu *Vassalli* 2010, S. 24 und insb. *Fischer* 2007, S. 176, der den Radbruch nach 1945 in die rechtsessentialistische Strömung des Rechtspositivismus einordnet). Dass die Verortung Radbruchs sich diffizil darstellt, vertritt auch *Neumann* 2007, S. 11ff., er teilt die Einordnung als dritten Weg, vertritt allerdings eine a.A. zur Einordnung Radbruchs vor 1933.

304 *AD ParlR*, V. Nr. 42, S. 917f.; V. Nr. 43, S. 954.

305 a.a.O., V. Nr. 47, S. 1038ff.

Eine im Weiteren immer wieder erkennbare Argumentation im Kontext der Grundrechte klang in diesem frühen Stadium der Arbeit am Grundgesetz an: Die Ausschussmitglieder forcierten die ausdrückliche Abwendung von der Zeit und der Praxis des Nationalsozialismus (s.o. III.2.).

Ein mögliches Fundament der Grundrechte wurde durch den SPD-Abgeordneten Schmid mit dem historischen Naturrechtsbegriff in den Grundsatzausschuss eingebracht. Zu diesem frühen Zeitpunkt rekurrierte seine Fundierung auf einen Schöpfer, der aber nicht notwendigerweise dem christlichen Gottesverständnis entsprechen musste. Der Kern seines angebotenen Fundaments ist allerdings in einem aus der Geschichtserfahrung fließenden Mindestfreiheitsniveau auszumachen (s.o. III.2.b.). Schmids Gedanken wurden auch bei der zweiten Lesung des ersten Artikels aufgegriffen: es wurde eine gewisse Entwicklungsfähigkeit der Grundrechte gefordert. Die Grundrechte müssen sich natürlicherweise vollziehenden Entwicklungen in der Gesellschaft Rechnung tragen können, weshalb von der Mehrheit eine Fundierung der Grundrechte in sogenannten ewigen Rechten Ablehnung fand (s.o. III.5.).

Noch vor der naturrechtsskeptischen Stellungnahme von Thoma (s.o. III.3.b.) war im Bereich der ersten Diskussion der Eigentumsgarantie bereits eine gewisse Naturrechtsskepsis auszumachen (s.o. III.3.a.). Die darauf erfolgte Hereinnahme der invocatio dei in die Präambel fand zwar nicht bei allen Fraktionen Zuspruch, allerdings wurde diese im Weiteren hingenommen (s.o. III.4.a.; dazu auch V.2), dementgegen gelang es den christlichen Kräften nicht, eine Formulierung zu finden, die die Staatsgewalt nicht direkt vom Volk ausgehen lässt, sondern einer göttlichen, einer metaphysischen Kraft Raum einräumt (s.o. III.4.b.).

Ebenfalls nicht durchsetzen konnte sich eine Beschränkung der Freiheit durch die natürlichen Sittengesetze (s.o. III.6.a.). Eine allgemeine Anerkennung fand im Gremium ein gewisses natürliches Elternrecht, dabei bleibt allerdings offen ob dieses Aufnahme ins Grundgesetz finden sollte und was aus diesem für Folgen erwachsen wären (s.o. III.6.b.). Die Diskussion zum Elternrecht und die Frage seiner Aufnahme als natürliches Elternrecht traten erst gegen Ende der Ausschussarbeit hinzu, sollten aber den Parlamentarischen Rat aber bis in seine letzte Sitzung begleiten und mitunter intensiv beschäftigen.

Die zunehmende Naturrechtskepsis im Grundsatzausschuss, die sich mit der fortschreitenden Artikelarbeit entfaltete, wird durch die Diskussion des Artikel 1 am 11. Januar 1948 verdeutlicht, also kurz vor Abschluss der Arbeit des Ausschusses. Die durch Süsterhenn eingebrachte Gott- und Naturgegebenheit der Menschenwürde wurde, mit Ausnahme einer ablehnenden Stellungnahme durch den Abgeordneten Heuss, nicht weiter thematisiert, insbesondere auch die Haltung Süsterhenns nicht bekräftigt (s.o. III.7).

IV.

Die Diskussion im Hauptausschuss

1. Der Hauptausschuss

„Der Hauptausschuss hatte die Aufgabe, die unterschiedlichen und zum Teil widersprüchlichen Ergebnisse der Fachausschüsse zu einem homogenen Gesamtentwurf zusammenzufassen und den Gesamtentwurf dem Plenum vorzulegen.“[306] So fasste Feldkamp 2009 die Aufgabe des Ausschusses zusammen. Es ist nicht nur, aber auch dieser Aufgabe geschuldet, dass er im Vergleich mit den anderen Gremien des Parlamentarischen Rates auf die höchste Sitzungszahl kam.[307]

Der Hauptausschuss war mit 21 Mitgliedern größer als der Grundsatzausschuss. Er wies indes zentrale personelle Überschneidungen mit dem Grundsatzausschuss auf, so hatte z.B. der Abgeordnete Carlo Schmid den Vorsitz dieses Ausschusses inne und Georg-August Zinn zählte zu den drei zentralen Vertretern des Allgemeinen Redaktionsausschusses (s.o. III.5. Fn. 250) im Hauptausschuss. Darüber hinaus übten die Grundsatzausschussmitglieder Ludwig Bergsträsser, Theodor Heuss, Helene Weber und Hans Wunderlich das Stimmrecht im Hauptausschuss aus.[308] Der Abgeordnete Anton Pfeiffer war einer der regelmäßigen Teilnehmer an den interfraktionellen Sitzungen, die den Hauptausschuss im Hintergrund begleiteten.[309] Bei diesen

---

306 *Feldkamp* 2009, S. IX.

307 a.a.O., S. X; es kann in Zusammensicht mit der Sitzungsintensität des Grundsatzausschusses, die unter den Fachausschüssen die höchste war (s.o. III.1.a.), konstatiert werden, dass gerade die Grundrechte eine bedeutende Rolle in der Arbeit des Parlamentarischen Rates spielten.

308 a.a.O., S. Xff.

309 Diese interfraktionellen Besprechungen umfassten jedoch nicht immer alle Parteien, insbesondere die Kommunisten waren zumeist davon ausgeschlossen, aber auch das Zentrum blieb bisweilen außen vor (*AD ParlR*, XIV. Nr. 47, S. 1483). Die – wie sie Feldkamp bezeichnet – „offiziellen“ interfraktionellen Sitzungen waren in erster Linie Sitzungen, in denen sich die großen Fraktionen (CDU/CSU u. SPD) zu Streitfragen austauschten, um Kompromisse zu finden und einzugehen (*Feldkamp* 1997b, S. VIII; S. XXIff.). Allerdings schienen DP und Zentrum zeitweise auch kein Interesse an diesen Sitzungen gehabt, sich allerdings später zu einer Teilnahme entschieden zu haben (siehe dazu *Fr. Prot. CDU/CSU*, Nr. 114, S. 416; Nr. 116, S. 419).

waren häufig ebenso der Vorsitzende Schmid sowie der Abgeordnete Heuss zugegen.[310] Auch der Vorsitzende des Grundsatzausschusses Hermann von Mangoldt begleitete die Sitzungen bisweilen und wurde später, am 11. November 1948, stimmberechtigtes Mitglied[311].

Da sie oft aufgrund ihrer im Vergleich sehr geringen Abgeordnetenzahl nicht in jedem Fachausschuss ihre Ansichten anbringen konnten, nahmen gerade die kleinen Parteien den Ausschuss als Plattform für ihre inhaltlichen Positionen wahr.[312] Dabei ist die DP mit dem Abgeordneten Seebohm herauszuheben, aber auch das Zentrum und die KPD nutzten die Gelegenheit.

Die Arbeit des Hauptausschusses zeichnete sich durch eine erhöhte Komplexität aus, die Feldkamp folgendermaßen beschreibt: „Die Arbeit des Hauptausschusses kann nicht isoliert betrachtet werden. Vielmehr fand sie im Wechselspiel mit Fachausschüssen, Allgemeinen Redaktionsausschuss, Fraktionen und interfraktionellen Besprechungsgremien statt."[313] Ein war Umstand, der sich bereits im vorigen, dritten Kapitel zur Arbeit des Grundsatzausschusses andeutete (z.B. s.o. III.7.).

Dies dürfte, neben einzelnen Charakteren kleinerer Parteien sowie dem spürbaren Fortschritt[314] in Richtung der Verabschiedung eines konkreten Verfassungsdokuments, auch einer der Gründe gewesen sein, weshalb die Gesprächsatmosphäre im Hauptausschuss, im Gegensatz zu jener im davor betrachteten Grundsatzausschusses, deutlich rauer war und gar zu mehrmaligen Ordnungsrufen führte.

Kam der Grundsatzausschuss quasi ohne explizite Abstimmungen zur Fixierung von Inhalten aus (u.a. s.o. II.2), gehörten diese im Hauptausschuss zum normalen Gebaren.

---

310 *Feldkamp* 2009, S. Xff.; Schmid und zeitweise auch Heuss waren zudem Mitglieder des sogenannten Fünferausschusses (a.a.O., S. XVI), ein Ausschuss der im Januar 1949 ins Leben gerufen wurde, um besondere Streitfragen zu behandeln. Er bestand lediglich aus CDU/CSU, SPD und den Liberalen (a.a.O., S. XXVff.). Er war explizit ein politisches Gremium und daher mit Politikern und nicht mit Technokraten besetzt (*Feldkamp* 1998, S. 134).

311 *AD ParlR*, XIV. Nr. 21, S. 622 Fn. 52. So z.B. begleitete von Mangoldt die erste Lesung der Grundrechte (a.a.O., XIV. Nr. 17).

312 *Feldkamp* 2009, S. Xff.

313 *Feldkamp* 2009, XVI.

314 Der Fortschritt in Richtung Fixierung eines Grundgesetzes wird bspw. bei der Diskussion zu den Modalitäten der zweiten Lesung deutlich (*AD ParlR*, XIV. Nr. 27 S. 781ff.) oder auch in der Besprechung der Unterredung mit den Militärgouverneuren (a.a.O., XIV. Nr. 28, insb. S. 844). Ende 1948 mit Blick auf die zweite Lesung im Hauptausschuss und mit Blick auf die außenpolitische Situation wird im Ältestenrat zum zügigen Fortschritt gemahnt (a.a.O., X. Teil A Nr. 19, S. 50).

2. Erste Lesung der Grundrechte (3. Dezember bis 7. Dezember 1948)

a. *Proömium und der erste Artikel*

Die erste Diskussion der Grundrechte erfolgte erst in der 17. Sitzung des Hauptausschusses. Der erste Artikel wurde dabei gegen die Stimme der KPD ohne weitergehende inhaltliche Diskussion angenommen.[315] Dieser Vorgang mag mitunter verwundern, insbesondere wenn das Vorhaben der CDU/CSU-Fraktion in den Blick genommen wird, die Menschen- und Freiheitsrechte als von Gott gegeben zu deklarieren.[316] Keine Überraschung stellt dagegen das Votum der KPD dar, erklärte ihr Vertreter bereits einleitend, dass die KPD diesen vom Grundsatzausschuss vorgelegten Grundrechten nicht zustimmen könnte.[317]

Einordnend, mitunter manchen Gesprächsverlauf erklärend muss Erwähnung finden, dass auch in den Diskussionen des Hauptausschusses wieder, ähnlich wie bereits im Grundsatzausschuss (s.o. II.2. und III.), die Abgeordneten Schmid und von Mangold gesprächsleitend auftraten.[318] Diese starke Führung – in diesem Fall von Schmid – führte auch dazu, dass eine von Renner[319] provozierend angestoßene Diskussion über ein aus dem Gottesgebot entspringendes Kriegsdienstverweigerungsrecht, das seiner Meinung nach von der Union zu verfechten sei, im Keim erstickt wurde.[320]

---

315 a.a.O., XIV. Nr. 17, S. 508f.

316 Die CDU/CSU-Fraktion hatte in ihrer Sitzung vom 23. November 1948 beschlossen, weiter auf die Einfügung – von Gott gegeben – zu beharren (*Fr. Prot. CDU/CSU*, Nr. 36, S. 167) und daran auch im Nachhinein (oder zumindest der Formulierung „von Natur gegeben" o.ä.) festgehalten (Sitzung vom 13. Dezember 1948, a.a.O., Nr. 59, S. 272; und vom 16. Dezember 1948, a.a.O., Nr. 66, S. 290).

317 Der Abgeordnete der KPD Renner (s.u.) stellte zu Beginn dieser Sitzung fest, dass er die Grundrechte sämtlich ablehnen werde (a.a.O., XIV. Nr. 17, S. 508). Er monierte u.a. die Inhaltslosigkeit der Grundrechte (a.a.O., XIV. Nr. 17, S. 511f.). Allerdings weichte er nach einem sarkastischen Wortgefecht diese Haltung bei der Frage des Geltungsbereichs (zu diesem Zeitpunkt Art. 138a) auf und enthielt sich (a.a.O., XIV. Nr. 20, insb. S. 562).

318 Bspw. sei die Diskussion um die Gleichberechtigung der Frau angeführt (*AD ParlR*, XIV. Nr. 17, S. 510ff.). Darüber hinaus stellte insbesondere von Mangoldt den personifizierten Austausch von Grundsatz- und Hauptausschuss dar.

319 Heinz Renner (1892–1964), KPD, bis nach dem Ersten Weltkrieg führte er ein unstetes Leben, war zunächst SPD, dann USPD und schließlich ab 1919 KPD-Mitglied. Er ging in der Zeit des Nationalsozialismus zunächst nach Frankreich, wurde dort 1939 aus politischen Gründen interniert und 1943 nach Deutschland verbracht. Später flüchtete er in die DDR (*Lange* 2003, S. 429f.; siehe auch Anhang 2 (2)). Er wurde erst nachträglich, nachdem der KPD-Abgeordnete Paul sein Mandat niedergelegt hatte, Mitglied des Parlamentarischen Rates (bekanntgegeben in der Plenumssitzung vom 20. Oktober 1948, *AD ParlR*, IX. Nr. 6, S. 177).

320 a.a.O., XIV. Nr. 17, S. 519.

b. Diskussion zur Gleichstellung ehelicher und unehelicher Kinder (7. Dezember 1948)

Das Natürliche und sein Einfluss auf das Verfassungsrecht wurden gegen Ende der ersten Lesung der Grundrechte relevant – wie bereits im Grundsatzausschuss im Bereich der Ehe und Familie (s.o. III.6.b).

Die Argumentation mit der Natürlichkeit wurde von Süsterhenn ins Spiel gebracht, der einen von Natur aus gegebenen Unterschied zwischen ehelichen und unehelichen Kindern postulierte. Daraufhin bezeichnete die Abgeordnete Nadig die Verwandtschaft zwischen Kind und Eltern als naturgegebenes Recht.[321] Eine klare Gegenansicht zur Ableitung solcher Rechte aus der Natur folgte vom Ausschussvorsitzenden Schmid: „Die Rechtsfolgen, die wir an die Tatsache einer Blutsverwandtschaft knüpfen, sind nicht von Natur aus – nicht ‚physei', sondern ‚thesei', sind Produkte der Rechtsordnung; und diese schaffen die Menschen."[322]

Schmid gelang es allerdings nicht, mit seinem Beitrag die Diskussion zu einem Ergebnis oder Ende zu bringen. Eine explizite Gegenmeinung zur Darstellung Schmids vertrat weiter vehement Süsterhenn: „Es ist nicht so, daß wir als Gesetzgeber bestimmen, was natürliche Rechtsordnung ist, sondern die natürlich gegebene und aus der Natur erwachsende Ordnung ist auch uns als Gesetzgeber bindend vorgeschrieben, und als Gesetzgeber können wir höchstens die natürlicherweise vorgegebenen Tatbestände rechtlich näher ausgestalten."[323] Weiter verwies er, das Fundament der Rechtsordnung betreffend, auf die christlich-abendländische Kulturordnung.[324]

Der SPD-Abgeordnete Zimmermann entgegnete Süsterhenn, dass aufgrund der Umstände dieser Zeit es, unter der von Süsterhenn vertretenen Sichtweise, für viele Frauen unmöglich sei, dass sie „ihre natürliche Berufung als Mutter […] finden."[325] Er sah in der Gleichstellung von ehelichen und unehelichen Kindern ein natürliches

---

321 a.a.O., XIV. Nr. 21, S. 600ff.

322 a.a.O., XIV. Nr. 21, S. 604; er wendete sich innerhalb dieses Beitrages gegen eine Auffassung der auf der Ehe basierenden Familie als natürliche Ordnung (a.a.O., XIV. Nr. 21, S. 604f.). Zustimmung kommt vom Abgeordneten Greve (SPD), der auf die grundsätzliche biologische Gleichheit von Kindern hinwies (a.a.O., XIV. Nr. 21, S. 605).

323 a.a.O., XIV. Nr. 21, S. 606f.

324 a.a.O., XIV. Nr. 21, S. 607.

325 a.a.O., XIV. Nr. 21, S. 607f.

Recht der Frauen, das unter dem Eindruck der geänderten gesellschaftlichen Gegebenheiten Gewährung finden solle.[326]

Schmid beendete die Diskussion schlussendlich und brachte, der Meinungsdiversität entsprechend, verschiedene Entwürfe zur Abstimmung, wobei der Entwurf aus dem Grundsatzausschuss Annahme fand.[327]

c. *Diskussion zu den Elternrechten (7. Dezember 1948)*

Die Diskussion der Elternrechte schloss sich direkt an die zuvor hier behandelte Diskussion an. Sie wurde durch die CDU-Abgeordnete Weber eröffnet. Für Weber, die als Vertreterin der Interessen der katholischen Kirche einzuordnen war[328], erschien die Aufnahme des Elternrechts notwendig, „[…] weil es ein ebenso natürliches Menschenrecht ist wie all die anderen Rechte, die der Grundsatzausschuß schon vorgelegt hat […].“[329] Darüber hinaus betonte sie die notwendige Freiheit zur religiös-weltanschaulich geprägten Ausgestaltung der Schulen.[330]

Die Zentrumsabgeordnete Helene Wessel[331] unterstützte sie in diesem Punkt: „Das Elternrecht – daß muß auch einmal gesagt werden, steht als natürliches Recht vor jedem staatlichen und auch kirchlichen Recht.“[332] Beide intendierten die Freiheit der Eltern in der Beeinflussung der Persönlichkeitswerdung der Kinder.[333]

---

326 a.a.O., XIV. Nr. 21, S. 608.

327 a.a.O., XIV. Nr. 21, S. 611f.

328 Siehe dazu Anhang 1.a.(5).

329 a.a.O., XIV. Nr. 21, S. 613.

330 Weber führt dort aus: „Wir sind nicht nur der Auffassung, daß die Eltern nicht nur das Recht und die Pflicht der Erziehung im Hause selbst haben, sondern daß sie darüber hinaus das Recht haben müssen, auch in der religiös-weltanschaulichen Ausgestaltung der Schule wie auch in der Unterrichtsfreiheit dieses Elternrecht zur Geltung zu bringen.“ (a.a.O., XIV. Nr. 21, S. 613).

331 Helene Wessel (1898–1969), Zentrum, absolvierte eine kaufmännische Ausbildung, war Parteisekretärin der Zentrumspartei und bildete sich zur Jugend- und Wohlfahrtspflegerin weiter, war später Mitglied des Reichsvorstands der Zentrumspartei sowie Abgeordnete des Preußischen Landtags. Nach dem Krieg war sie von 1946 bis 1950 Abgeordnete des Nordrhein-Westfälischen Landtags und 1947/48 Mitglied des Zonenbeirats der Britischen Zone (*Lange* 2008h; siehe auch Anhang 2 (5)).

332 *AD ParlR*, XIV. Nr. 21, S. 614.

333 a.a.O., XIV. Nr. 21, S. 613ff.; Wessel explizit (a.a.O., XIV. Nr. 21, S. 614), Weber spricht über das Recht der Ausgestaltung der Schule (a.a.O., XIV. Nr. 21, S. 613). Für Wessel sind diese Forderungen unter dem Eindruck ihrer 1934 geäußerten Ansichten interessant (s. Anhang 2).

Heuss rekurrierte in seinen Ausführungen auf das naturgegebene Eltern-Kind-Verhältnis und bezog die Notwendigkeit dieses Rechts auf die Erlebnisse in der Zeit des Nationalsozialismus. Zudem entgegnete er dem starken, kirchlich geprägten Verfechterfeld des Elternrechts, dass dieses Naturrecht seine Ursprünge nicht im kirchlichen Umfeld[334] habe, sondern im pädagogisch-liberalen Umfeld des 19. Jahrhunderts[335] – das mitunter explizit gegen die Kirche gerichtet war.[336] Weiter schränkte er ein, „[…] daß das sogenannte Elternrecht als eine subjektivrechtliche Ausstattung einer Gruppe nicht so abdingbares Recht schaffen kann, wie es hier dargestellt wird."[337]

In Opposition trat Bergsträsser: Er wandte sich gegen die Aufnahme des Elternrechts, da er darin den zu Beginn aufgeworfenen Grundsatz verletzt sah, „[…] daß wir nur die Grundrechte nehmen wollen, die in dem Dokument Nr. 1[338] genannt sind, nämlich die persönlichen Grundrechte."[339] Darauf folgend, nachdem sich nunmehr auch der KPD-Abgeordnete Renner gegen eine Verankerung ausgesprochen hatte, erklärte der CDU-Abgeordnete Walter[340], dass seine Fraktion, zur Wahrung der

---

334 Sowohl Wessel (siehe dazu *Lange* 2008h u. Anhang 2 (5)) als auch Weber (dazu s.u. Anhang 1, a.(5)) waren katholisch sozialisiert und standen im Parlamentarischen Rat für Interessen der katholischen Kirche ein. Dass dieser Rechtekomplex vom Standpunkt der CDU/CSU-Fraktion auf eine Verankerung des Christlichen, der christlichen Ideale, in Deutschland zielen sollte, wird mitunter auch aus den Fraktionsprotokollen, z.B. vom 3. November 1948 (*Fr. Prot. CDU/CSU*, Nr. 22, S. 118ff.) oder auch vom 26. November (a.a.O., Nr. 42, S. 211, siehe auch a.a.O., Nr. 71, S. 313), deutlich.

335 *AD ParlR*, XIV. Nr. 21, S. 617.

336 Heuss bezog sich hier auf die Schulgemeinden-Bewegung, die in dem von Heuss genannten Friedrich Wilhelm Dörpfeld (1824–1893; Volksschullehrer mit dem Ehrentitel „Rektor"; Erzieher, vom ebenfalls von Heuss erwähnten Minister Falk nach Berlin zur Weiterentwicklung der Schulen berufen; siehe zu Dörpfeld *Schoelen* 1959, S. 35) ihren Höhepunkt fand und die sich auf das Elternrecht zur Erziehung der Jugend berief und damit Schulen in der Trägerschaft von Familien (Elterngenossenschaften) vorsah – also gerade nicht in der Trägerschaft von Kirchen (dazu *Kloss* 1981, S. 38).

337 *AD ParlR*, XIV. Nr. 21, S. 620.

338 Gemeint ist das Frankfurter Dokument Nr. 1 (s.o. II.1.b.).

339 a.a.O., XIV. Nr. 21, S. 627f. Indes ist nicht zweifelsfrei klar, dass diese Interpretation des Frankfurter Dokuments Nr. 1 so intendiert war, heißt es darin lediglich „[…] und Garantien der individuellen Rechte und Freiheiten enthält." (a.a.O., I. Nr. 4, S. 31).

340 Felix Walter (1890–1949), CDU, er absolvierte 1908 das Abitur, anschließend studierte er bis 1913 Rechts- und Staatswissenschaften in Tübingen und Berlin. Zunächst war er Amtsrichter und Hilfsanwalt in Stuttgart und nach Ende des Ersten Weltkriegs wieder Hilfsanwalt in Ulm. 1919 folgte der Wechsel ins Justizministerium. Der Zentrumspolitiker wurde 1933 seines Amtes enthoben und an das Landgericht Stuttgart versetzt. Nach dem Krieg CDU-Mitglied, Landtagsabgeordneter in Württemberg-Baden, war er wieder im Justizministerium tätig. Er verstarb vor Ende des Parlamentarischen Rates im Februar 1949 (dazu *Buchstab* 2008, S. 365ff.).

christlichen Ausbildung das Elternrecht gewahrt sehen möchte.[341] Dies bekräftigte Süsterhenn folgend: „Dieses Grundrecht […], ihre Kinder nicht nur körperlich zu pflegen und aufzuziehen, sondern sie gerade auch geistig und religiös zu beeinflussen und dafür zu sorgen, daß sich in der Schule keine gegenteilige Einflüsse geltend machen, ist für uns ein wesentliches Recht […].“[342] Allerdings verzichtete er hierbei gänzlich auf eine Bekräftigung des Elternrechts als Naturrecht.[343]

Schließlich wurde der Artikel in der vorgelegten Version ohne die verschiedentlich beantragten Änderungen angenommen – darin der Passus des natürlichen Rechts der Eltern.[344]

3. Diskussion zu den Modalitäten der zweiten Lesung (15. Dezember 1948)

Im Zentrum der Diskussion zu den Modalitäten der zweiten Lesung im Hauptausschuss stand die Frage, wie man trotz der bestehenden Kontroversen zu einem Grundgesetz kommen könne. Der SPD-Abgeordnete Menzel stellte hierzu fest, dass er mit Sorge betrachte, „[…] daß, je länger wir debattiert haben, uns nicht zusammendebattiert haben, sondern voneinander entfernt haben.“[345] Süsterhenn erklärte mit Blick auf die Grundrechte dem Gremium, „was echte Grundrechte sind und was Randprobleme oder aber Kernprobleme sind, ist je nach dem weltanschaulichen Ausgangspunkt, von dem aus man an diese Probleme herangeht, verschieden.“[346] Der KPD-Abgeordnete Reimann[347] resümierte, dass in diesem Punkt, insbesondere zwischen den starken Fraktionen der Sozialdemokraten und der Union, eine Divergenz

---

341 *AD ParlR*, XIV. Nr. 21, S. 632, Walter und die württemberg-badische CDU waren bei der Verankerung des Elternrechts in der dortigen Verfassung gescheitert, deshalb kämpfte Walter zunächst auch in seiner Fraktion für die Verankerung dieses Rechts (z.B. Fraktionssitzung vom 3. November 1948, *Fr. Prot. CDU/CSU*, Nr. 22, S. 120).

342 *AD ParlR*, XIV. Nr. 21, S. 637.

343 a.a.O., XIV. Nr. 21, S. 636ff.

344 a.a.O., XIV. Nr. 21, S. 612, 638ff.

345 a.a.O., XIV. Nr. 27, S. 785.

346 a.a.O., XIV. Nr. 27, S. 793, kurz zuvor spricht er von den klassischen Grundrechten als den echten Grundrechten (a.a.O., XIV. Nr. 27, S. 792).

347 Max Reimann (1898–1977), KPD, war zunächst Werftarbeiter, dann Kriegsteilnehmer im Ersten Weltkrieg. Er war an den Spartakus-Aufständen beteiligt und dafür zu Haft verurteilt worden, dann ab 1920 Bergarbeiter und mehrmals aus politischen Gründen in Haft. In der Zeit des Nationalsozialismus war er zunächst illegal für die KPD tätig, ab 1939 verhaftet, dann ab 1942 im KZ Sachsenhausen interniert. Er war 1945/1946 Mitglied des Beratenden Provinzialrats für Westfalen, 1946/1947 im Zonenbeirat der Britischen Zone und im Nordrhein-Westfälischen Landtag, danach im Frankfurter Wirtschaftsrat. Er wurde im Februar 1949 von den Briten wegen politischer Äußerungen verhaftet und brachte damit die Immunitätsfrage für Abgeordnete

vorläge.[348] Er meinte auszumachen, dass sie „eine Reihe sehr schöner, hervorragender, glänzend formulierter Sätze aneinanderreihen, eine Reihe von Artikeln fixieren, ohne ihnen aber einen lebendigen Inhalt zu geben."[349]

Reimann desavouierte damit implizit die frühere Entscheidung des Grundsatzausschusses, nur klassische, echte Grundrechte aufzunehmen (s.o. III. insb. 1. u. 6.), als eine Entscheidung über ein bloßes Etikett, die eine Entscheidung über den tatsächlichen Inhalt offenlässt. Er forderte deshalb die erneute, tiefergehende Auseinandersetzung mit diesem Inhalt. Dieser Antrag wurde allerdings vom Hauptausschuss an den Ältestenrat[350] überwiesen.[351] Dieser beschäftigte sich jedoch, der Protokolllage folgend, vor Erhalt des Memorandums vom 2. März 1949 nicht mehr explizit mit der Angelegenheit.[352]

4. Diskussion im Rahmen der zweiten Lesung

a. Diskussion zu Artikel 1 (18. Januar 1949)

Von Mangoldt, der sich im Weiteren in der Diskussion des Einbezugs vorstaatlicher Rechte im Rahmen des Artikel 1 zurückhielt[353], führte in die Fassung des Artikels ein und erklärte, dass der erste Artikel zu den Artikeln 2 bis 20 überleite.[354] Diese seien „eine Niederschrift dieser alten, wie es hier gesagt worden ist: gleichen, unverletzlichen und unveräußerlichen Freiheits- und Menschenrechten aus unserer Zeit

---

des Parlamentarischen Rates auf die Tagesordnung der politischen Auseinandersetzung dieser Zeit (siehe dazu *Lange* 2008i; Diskussion zur Frage der Immunität insb. *AD ParlR*, XIV. Nr. 47, S. 1459ff.).

348 a.a.O., XIV. Nr. 27, S. 793f.

349 a.a.O., XIV. Nr. 27, S. 793.

350 Der Ältestenrat wurde bereits in einer interfraktionellen Besprechung am 1. September 1948 ins Leben gerufen, um den Ablauf der Arbeit am Grundgesetz zu beraten, notwendige Ausschüsse und Kommissionen ins Leben zu rufen – der Ältestenrat war ein Koordinationsgremium (siehe zur Konstituierung der Aufgaben des Ältestenrats und des Präsidiums a.a.O., X. Teil B Nr. 1, S. 119ff.). Personell lagen die Überschneidungen mit den Persönlichkeiten des Grundsatzausschusses in den Personen Heuss, Pfeiffer und Schmid, zudem gehörte zu den zeitweise Teilnehmenden von Mangoldt in seiner Funktion als Vorsitzender des Grundsatzausschusses, daneben auch Schrage und Zinn (*Feldkamp* 1997a, S. VIIIff.).

351 *AD ParlR*, XIV. Nr. 27, S. 793ff.

352 a.a.O., X. Teil A Nr. 21ff., S. 57ff. zeigen, dass der Ältestenrat in dieser Zeit mit dem Adenauer-Skandal, mit der Causa Reimann beschäftigt war.

353 a.a.O., XIV. Nr. 42, S. 1288ff.; er schaltet sich lediglich bei einem auf die Stärkung der Rechte Heimatvertriebene abzielenden Antrag Seebohms ein.

354 a.a.O., XIV. Nr. 42, S. 1288f.

[…].“[355] Also Rechte, die vor Niederlegung im Grundgesetz bereits in einer nicht weiter bestimmten Form Anerkennung gefunden hatten. Der Abgeordnete Hans-Christoph Seebohm[356] brachte daraufhin einen mit der CDU/CSU- und Zentrumsfraktion vereinbarten Antrag[357] ein, der auf die Einfügung der Worte „von Gott gegeben“ vor den Freiheits- und Menschenrechte im Absatz 2 abzielte.[358] Er führte erklärend aus, „daß der Mensch sich stets bewusst sein muß, daß ihm diese Freiheits- und Menschenrechte von Gott gegeben sind und im Rahmen der ihm dadurch von Gott auferlegten Verpflichtungen gewährleistet werden müssen.“[359]

Heuss widersprach diesem Antrag, indem er diesen eine nicht zu gestattende „Strapazierung der Religion“ nannte.[360] Er gab dabei zu bedenken, dass man um „[…] des sehr irdischen Charakters unserer Aufgabe willen nicht Theologie treiben“[361] sollte.

Während Süsterhenn den Antrag verteidigte, indem er herausstellte, dass diese Menschen- und Freiheitsrechte eben nicht erst vom Staat verliehen seien, sondern bereits davor, nämlich von Gott, bekräftigte Heuss seine Opposition, indem er das vorstaatliche Recht nicht als Ausgangspunkt einer staatlichen Rechtssetzung anerkannte.[362] Der SPD-Abgeordnete Otto Heinrich Greve[363] gab Heuss inhaltlich unterstützend zu bedenken, dass er sich sicher sei, dass neben ihm „noch eine ganz namhafte Anzahl Deutscher [der Auffassung sind], daß diese Freiheits- und Menschenrechte nicht von Gott gegeben sind.“[364]

In der vom Vorsitzende Schmid rasch herbeigeführten Abstimmung fand der, von den konservativen Fraktionen eingebrachte, vorstaatliche Bezug auf Gott keine

---

355 a.a.O., XIV. Nr. 42, S. 1289.

356 Hans-Christoph Seebohm (1903–1967), DP, studierter Bergwissenschaftler und promovierter Geologe, war ab 1933 in leitender Funktion im Bergbau tätig und galt als streitbarer Konservativer (*Detjen* 2010, S. 138f.; siehe auch Anhang 2 (3)).

357 Beschluss vom 16. Dezember 1948, *Fr. Prot CDU/CSU*, Nr. 66, S. 290.

358 *AD ParlR*, XIV. Nr. 42, S. 1289.

359 a.a.O., XIV. Nr. 42, S. 1289.

360 a.a.O., XIV. Nr. 42, S. 1290.

361 a.a.O., XIV. Nr. 42, S. 1290.

362 a.a.O., XIV. Nr. 42, S. 1291.

363 Otto Heinrich Greve (1908–1968), SPD, studierte Rechtswissenschaften an diversen deutschen und französischen Universitäten, trat 1926 der DDP bei, wurde 1935 in Rostock promoviert und war ab 1936 bis zu seiner Entfernung aus politischen Gründen 1938 im Justizdienst tätig. Während des Krieges war er Syndikus in der Wirtschaft, musste allerdings nach dem Hitler-Attentat von 1944 untertauchen; war zunächst nach dem Krieg an der Gründung der FDP beteiligt, wechselte zur SPD und war ab 1945 bis zu seiner Flucht Landrat in Greiz (*Vierhaus/Herbst* 2002, S. 277; *Notz/Wickert* 2009, S. 70).

364 *AD ParlR*, XIV. Nr. 42, S. 1292.

Mehrheit im Gremium.[365] Es blieb also eine Formulierung bestehen, die die Herkunft dieser Rechte offenlässt; ihr Geltungsgrund ist damit zumindest nicht offensichtlich im Vorstaatlichen anzunehmen.[366]

b. Diskussion zum Elternrecht (18. Januar 1949)

Das Naturrecht wurde gegen Ende des 18. Januars wieder explizit Inhalt der Diskussion. Wie bereits bei der letzten Diskussion (s.o. IV.2.c.) zum Elternrecht und damit verbunden zum Recht auf freie Schulwahl in Bezug auf die dort vermittelte Weltanschauung erklärte die Abgeordnete Weber das Elternrecht ebenso wie alle anderen Grundrechte zum naturgegebenen Recht.[367] Allerdings kam es nicht direkt zum Austausch über die Qualität dieses Naturrechts.
Die Diskussion fixierte darüber hinaus zunächst nur gegenläufige Standpunkte, trug jedoch nichts weitergehend Substantielles zur Naturrechtsdiskussion bei. Heuss warf in seinem Beitrag etwas später ein: „Erziehungsrecht und Erziehungspflicht ist eine Banalität."[368] Aus den Reihen des Zentrums wurde vom naturhaften oder naturgegebenen Elternrecht gesprochen, wobei auf kritische, die Ablehnung einer solchen Qualifizierung des Elternrechts ausdrückende Zwischenrufe aus den Reihen der SPD das Elternrecht als Naturrecht von anderer Seite Verteidigung fand.[369] Die Diskussion stellte ein Beharren auf den bereits vermittelten Standpunkten dar, ein auf der Stelle treten.

Der Abgeordnete Renner gab zu bedenken, dass die Anerkennung eines solchen Rechts die Gefahr von Intoleranz berge. „Wenn Sie hier sagen, daß das Recht der Eltern auf Bestimmung der Erziehung ihrer Kinder ein natürliches, gottgegebenes Recht ist, dann unterstellen Sie zumindest, daß dieses Recht nur dann Recht ist, wenn es sich in dem Wunsch nach Ausgestaltung dieser Volksschulen zu religiösen und christlichen Schulen äußert."[370]

---

365 a.a.O., XIV. Nr. 42, S. 1292.
366 Andere Anträge, durch die die Ordnung des Grundgesetzes als eine christliche manifestiert werden sollte, fanden ebenfalls Ablehnung, z.B. der Antrag des Abgeordneten Seebohm zum Artikel der Grundrechtseinschränkung (Zweite Lesung Artikel 20b; a.a.O., XIV. Nr. 44, S. 1430f.).
367 a.a.O., XIV. Nr. 43, S. 1349.
368 a.a.O., XIV. Nr. 43, S. 1353.
369 a.a.O., XIV. Nr. 43, S. 1360ff. Die SPD machte diese Skepsis auch gegenüber einem Beitrag des CDU-Abgeordneten Pfeiffer durch Zwischenruf deutlich (a.a.O., XIV. Nr. 43, S. 1368).
370 a.a.O., XIV. Nr. 43, S. 1373.

Der Vorsitzende Schmid warf darauffolgend erklärend ein, dass das Elternrecht als Naturrecht nicht streng als Naturrecht zu betrachten sei, denn eine ernste Anerkennung als Naturrecht sei nicht machbar.[371] „In Wirklichkeit aber schaffen wir auch so nicht das, was Sie wollen, nämlich die Verwirklichung dieses angeblichen ‚Naturrechts', von dem Sie sprechen."[372] In diese Richtung konkretisierend zielende Anträge wurden bei der folgenden Abstimmung abgelehnt, die Streichung der Formulierung „natürliches Recht" indes nicht beantragt.[373]

Auch wenn die Diskussion inhaltlich keinen bedeutenden Fortschritt der Naturrechtsdiskussion bewirkte, ist dieser Sitzungstag im Januar 1949 dennoch für die Bewertung der Diskussion bedeutend: Es wurde in der beiden Diskussion des Tages, in denen das Naturrecht explizit thematisiert wurde, deutlich, dass sich Befürworter der Fixierung von Naturrecht aus den konservativen Kreisen (insbesondere aus CDU/CSU/DP/Zentrum) und die naturrechtskritischen Abgeordneten (insbesondere aus SPD/FDP/KPD[374]) in ähnlicher Stärke[375] gegenüberstanden; die naturrechtskritische Seite allerdings erscheint – betrachtet man dabei auch die Abstimmungsergebnisse – in der Gesamtsicht im Hauptausschuss minimal stärker vertreten gewesen zu sein.[376]

---

371 a.a.O., XIV. Nr. 43, S. 1375.

372 a.a.O., XIV. Nr. 43, S. 1375.

373 a.a.O., XIV. Nr. 43, S. 1377f.; z.B. wird der Antrag abgelehnt: „Bei der religiös weltanschaulichen Gestaltung der öffentlichen Volksschulen ist der Wille der Erziehungsberechtigten zu berücksichtigen." (a.a.O., XIV. Nr. 43, S. 1377).

374 Der Abgeordnete Renner spricht sich zwar gegen die Fixierung von Naturrecht aus (siehe z.B. dieses Kapitel), indes behielt er es sich aber bei der ersten Lesung vor, gegen sämtliche Grundrechte zu stimmen (s.o. IV.2.a Fn. 317), daher ist sein Abstimmungsverhalten nicht einzuschätzen. Interessanterweise beruft sich Renner bei seiner Argumentation gegen die Gründung eines separaten Staates in den Besatzungszonen der westlichen Mächte auf den Heidelberger Professor Geiler (1878–1953), der den Fortbestand Deutschlands und einen völker- und naturrechtlichen Anspruch des deutschen Volkes auf Wiederherstellung Deutschlands postulierte (a.a.O., XIV. Nr. 47, S. 1476ff.).

375 Diese Einteilung wird von *Rosenbaum* 1972, S. 116 ohne Verweis auf diese Abstimmungsergebnisse geteilt.

376 Das Einfügen der Gottgegebenheit am Morgen des Sitzungstages (Art. 1) und der zum Naturrecht konkretisierende Antrag in dieser Diskussion wurden beide knapp für die naturrechtskritische Seite entschieden (9:11; 10:11; a.a.O., XIV. Nr. 43, S. 1292 u. S. 1377). Ähnlich gestaltete sich die Situation bei der Frage nachder Quelle der Staatsgewalt (Ablehnung durch Stimmengleichheit, 10:10; a.a.O. Nr. 27, S. 799). Am Rande erwähnt sei, dass auch in den Interfraktionellen Sitzungen SPD und FDP häufiger durch Einigkeit auffielen (bspw. a.a.O., XI. Nr. 22, S. 89).

c. Diskussion zur Staatsangehörigkeit (19. Januar 1949)

Der Beitrag zur Naturrechtsdiskussion im Kontext der Staatsangehörigkeit beschränkte sich auf lediglich einen Satz des SPD-Abgeordneten Friedrich Wilhelm Wagners[377]: „Wenn man schon von Naturrecht und naturhaften Dingen sprechen will, dann ist doch das Recht, dem Staat anzugehören, in den man hineingeboren ist, eines der ursprünglichsten.“[378]

Es war dabei die Absicht Wagners, für die Unverlierbarkeit der deutschen Staatsangehörigkeit zu argumentieren, allerdings bezeichnete er seine Argumentation dafür selbst als polemisch. Sie war augenscheinlich gegen die naturrechtsbefürwortenden, konservativen Abgeordneten gerichtet, die sich am Tag zuvor (s.o. IV.4.a. u. b.) für die Niederlegung von Naturrecht im Grundgesetz stark gemacht hatten.[379]

5. Diskussionen im Rahmen der dritten und vierten Lesung

a. Diskussion im Rahmen der dritten Lesung (8. Februar 1949)

Die dritte Lesung der Präambel und der Grundrechte wurde vergleichsweise rasch vorgenommen, gerade die Behandlung der Präambel und der ersten Artikel lieferte keinen Beitrag zur Naturrechtsdiskussion.[380]

Einen lediglich eingebrachten aber nicht weiter diskutierten Beitrag lieferte eine Stellungnahme der Fraktionen CDU/CSU, DP und Zentrum. In dieser Stellungnahme bekräftigten die Fraktionen ihre Haltung, das es sich beim elterlichen Erziehungsrecht um ein gottgegebenes Naturrecht handle, dass sich dem Eingriff des Staates zu

---

377 Friedrich Wilhelm Wagner (1894–1971), SPD, stammte aus einer Arbeiterfamilie, war seit 1917 in der SPD, ab 1922 Rechtsanwalt in Ludwigshafen, 1923 einer der Hauptbeteiligten an der „Pfalzaktion“ und von 1930 bis 1933 Reichstagsabgeordneter sowie von 1931 bis 1933 Stadtrat in Ludwigshafen. Im März 1933 erfolgte die Verhaftung aus politischen Gründen und dann die Flucht in das westliche Ausland, nach dem Krieg war er wieder Rechtsanwalt in Ludwigshafen und am IG-Farben-Prozess beteiligt; später war er Vizepräsident des Bundesverfassungsgerichts (*Notz/Wickert* 2009, S. 91; *Lange* 2008j).

378 *AD ParlR*, XIV. Nr. 44, S. 1408.

379 a.a.O., XIV. Nr. 44, S. 1406ff., die Selbstbezichtigung des Polemisierens a.a.O., XIV. Nr. 44, S. 1408.

380 a.a.O., XIV. Nr. 47, S. 1480ff.; zudem beschließt der Hauptausschuss zur Beschleunigung die Beschränkung der Redezeit auf fünf Minuten (a.a.O., XIV. Nr. 47, S. 1484). Die interfraktionelle Sitzung vom 27. Januar 1949 stellte bereits fest, dass im Hauptausschuss hierzu keine größeren Debatten zu erwarten seien (a.a.O., XI. Nr. 17, S. 77). Artikel, die noch im Vergleich erhöhten Diskussionsbedarf aufwiesen, wurden zurück an den Fünferausschuss (s.o. IV.1.) verwiesen und dann am 10. Februar 1949 nochmals behandelt (a.a.O., XIV Nr. 51, S. 1626ff.).

entziehen habe. Ferner drückten sie ihr Bedauern aus, dass die Anerkennung dieses Naturrechts vom Parlamentarischen Rat mehrmals Ablehnung gefunden hatte (z.B. s.o. IV.4.b.).[381]

Diese Bekundung entfaltete insoweit Bedeutung, als dass sie das selbsteingestandene Scheitern konservativer Fraktionen zu diesem Zeitpunkt dokumentierte, bezüglich der Deklaration dieses Grundrechts als Fixierung eines gottgegebenen Grundrechtes. Es stellt das Eingeständnis dar, dass sie zwar anderer Ansicht sind, sich aber im Hauptausschuss nicht durchzusetzen vermochten.

Exkurs: Diskussion in der Zeit der Verunsicherung (März bis Mai 1949)[382]

In der Zeit von März bis Mai 1949 kam die Arbeit des Parlamentarischen Rates – aufgrund eines Alliierten Eingriffs – ins Stocken. In dieser sitzungsarmen Zeit entwickelten sich Nebenschauplätze, die mitunter Relevanz entfalten.

Einen solchen Nebenschauplatz eröffnete die SPD: Ende April tagte sie in Hannover. Bei dieser Konferenz wurde ein Nebenentwurf der SPD vorgestellt, der jedoch in den offiziellen Akten und Dokumenten des Parlamentarischen Rates kaum Niederschlag fand.[383] Dennoch lohnt die Betrachtung dieser Begebenheit.

---

381 a.a.O., XIV. Nr. 47, S. 1491; das zähe Festhalten an der Durchsetzung u.a. des Elternrechts wurde von Adenauer in der Fraktionssitzung vom 20. Januar 1949 angewiesen (*Fr. Prot. CDU/CSU*, Nr. 91, S. 354; zudem a.a.O., Nr. 92, S. 358f.; Nr. 95, S. 365 und Nr. 101, S. 390 (an diesen beiden Stellen explizit Einfluss der katholischen Kirche, dazu auch *AD ParlR*, XI. Nr. 27, S. 102)). Kurz auf die Sitzung folgend veröffentlichten die katholischen Bischöfe eine Pressemitteilung, in der sie ihren Unmut über den Stand der Verhandlungen des Parlamentarischen Rates zum Ausdruck brachten und die Verankerung des (christlichen) Naturrechts überhaupt und insbesondere des Elternrechts forderten; abgedruckt bei *Feldkamp* 1999, S. 140f. Zur gemeinsamen Erklärung siehe a.a.O., Nr. 99, S, 584. Die SPD hatte bereits im Vorfeld ihre Opposition zu den entsprechenden Artikeln in den interfraktionellen Besprechungen dargelegt (*AD ParlR*, XI. Nr. 22, S. 89).

382 *Feldkamp* 1996, S. XILV nennt diesen Zeitraum, dem Memorandum vom 2. März 1949 folgend „letzte Krise“ und beruft sich bei der Benennung auf zeitgenössische Quellen, zudem verweist er auf deren weitere Verwendung z.B. bei Morsey. Zu diesen Vorkommnissen allgemein als Zeitzeuge *Strauß* 1966, S. 355ff. und insbesondere die chronologische Darstellung bei *Feldkamp* 1999, S. 34ff.; *Feldkamp* 1998, S. 169ff.

383 Thematisierung fand die Angelegenheit in der Interfraktionellen Besprechung vom 23. April 1949, in der Zinn schließlich im Bereich der Grundrechte auf den Weimarer Zustand zurückzugehen empfahl (a.a.O., XI., Nr. 38, S. 161), es konnte jedoch auch in den Folgesitzungen keine Klärung der Grundrechtsangelegenheiten herbeigeführt werden (a.a.O., XI. Nr. 41, S. 168). Schließlich kehrte man in kleinen Schritten zum bereits Errungenen zurück (z.B. a.a.O., XI. Nr. 43, S. 175; Nr. 48, S. 208ff.). Im Ältestenrat wurde das Vorgehen der SPD in dieser Angelegenheit u.a. durch Lehr als unparlamentarisch gescholten (a.a.O., X. Teil A Nr. 30, S. 105ff.).

Es war eine Zeit des unklaren Fortgangs der Entwicklung des Grundgesetzes. Als Reaktion auf das lähmende Memorandum der Alliierten erarbeitete die SPD einen alternativen Entwurf, in der eigenen Sichtweise eine Kurzfassung des Grundgesetzes.[384] Diese von Schmid, Menzel und Katz erarbeitete[385] Kurzfassung enthielt nur noch einen rudimentären Bestand an Grundrechten, so beispielsweise das Freiheitsgrundrecht, das Gleichheitsgrundrecht oder die Meinungsfreiheit – weggefallen waren dagegen zum Beispiel die Präambel und der Artikel 1, also die Menschenwürde.[386]

Der Abgeordnete Zinn soll dazu gegenüber der CDU/CSU-Fraktion geäußert haben: „Wir haben allen ‚unechten' Grundrechte fortgelassen und beschränken uns auf einige wenige natürlichen Grundrechte, wie sie etwa in den Habeas-Corpus-Acts niedergelegt sind. Vor allen Dingen wurden alle antiquierten Grundrechte fortgelassen und solche Grundrechte, die heute nicht effektiv sein können."[387]

Dieses Verständnis von natürlichen Grundrechten kann dem Schmidschen Ansatz (s.o. III.2.b.) zugerechnet werden, soweit man die Grundrechte als einen erfahrungsbasierten Rechtekanon auffasst. Augenscheinlich entspricht er jedoch nicht dem Verständnis von natürlichen Rechten, wie es von den christlichen Fraktionen gepflegt wurde.[388] Zudem spricht diese Aussage einem beträchtlichen – dem weggefallenen – Teil der Grundrechte ihre Natürlichkeit ab, die schließlich ihren Weg in das Grundgesetz gefunden haben.

Am Ende konnte sich für die vierte Lesung auf die Fassung des Grundgesetzes in der dritten Lesung, unter Zurückstellung des Elternrechtsartikels, als Grundlage geeinigt werden.[389] Die Unruhe und Unsicherheit stiftende Zwischenphase wurde damit nahezu belanglos.

---

384 Auf der Ministerpräsidentenkonferenz der SPD Ende April 1949 wird seitens des SPD-Vorsitzenden Kurt Schumacher mit einem Boykott des Grundgesetzes gedroht (*Notz/Wickert* 2009, S. 12). In diesem Kontext wird das als rudimentäres Organisationsstatut konzeptionierte Kurzgrundgesetz verabschiedet (*AD ParlR*, IX. Nr. 10, S. 531, Fn. 57; dazu auch *Fr. Prot. CDU/CSU*, Nr. 140, S. 490ff.; Nr. 142, S. 503ff.).

385 *Feldkamp* 1998, S. 163.

386 *AD ParlR*, VII. Nr. 11, S. 462ff.; mitunter wird es auch als um die Grundrechte beschnitten bezeichnet (z.B. *Feldkamp* 1996, S. LII). Siehe dazu auch die Bezüge zu den Menzel-Entwürfen (Anhang 2 (1)).

387 *Fr. Prot. CDU/CSU*, Nr. 140, S. 494; dieses Zitat ist eine angeblich wörtliche Überlieferung des Abgeordneten Spieker.

388 Dies ist deutlich bereits am Fehlen des Artikel 1 festzumachen, darüber hinaus siehe auch a.a.O., Nr. 142, S. 500ff.

389 *AD ParlR*, XI. Nr. 51, S. 224ff.

b. Diskussion im Rahmen der vierten Lesung (5. Mai 1949)

Aufgrund des Memorandums der Alliierten vom 5. April 1949 wurde eine vierte Lesung im Hauptausschuss notwendig (siehe dazu auch IV.5.Exkurs).[390] Diese sollte zügig abgehalten werden und wurde deshalb in interfraktionellen Sitzungen vorbereitet.[391] Dieses Vorgehen verhinderte weitere Verzögerungen.

Es war in dieser vierten Lesung die DP, die den Antrag einbrachte, die Menschenrechte als die von Gott gegebenen Grundlage jeder menschlichen Gemeinschaft in den Artikel 1 Absatz 2 einzubringen. Dieser Antrag wurde allerdings, lediglich gegen die Stimme der DP, deutlich abgelehnt.[392] Ebenso erging es, jedoch etwas weniger deutlich, dem bereits mehrmals gescheiterten (s.o. III.4.b.), nun vom DP-Abgeordneten Seebohm nochmals eingebrachten Antrag, das Volk und die Länder zum Träger der Staatsgewalt zu erklären, sie also gerade nicht vom Volk ausgehen zulassen.[393]

Die Besprechung der Artikel 7a und 7b wurde zunächst aufgrund eines Verkehrsunfalls des Abgeordneten Süterhenns zurückgestellt.[394] Sie fand jedoch, nach dem sein zeitnahes Hinzustoßen nicht möglich erschien, am Abend dennoch ohne ihn statt und lieferte keinen nennenswerten Beitrag zur Naturrechtsdiskussion.[395]

6. Zwischenergebnis

Das bereits nach der Analyse des Grundsatzausschusses gezeichnete Bild der Naturrechtsdiskussion kann im Grundsatz auch nach der Analyse der Diskussion der vier Lesungen im Hauptausschuss aufrechterhalten werden (s.o. insb. III.8.).

Die erste Lesung thematisierte erst gegen deren Ende bei den elterlichen Rechten und der Gleichstellung von ehelichen und unehelichen Kindern die Natürlichkeit von

390 a.a.O., XIV. Nr. 55, S. 1751.

391 a.a.O., XIV. Nr. 57, S. 1781f.; interfraktionelle Sitzung vom 3. Mai (a.a.O., XI. Nr. 51, S. 224ff.) und 5. Mai 1949 (a.a.O., XI. Nr. 54, S. 269ff.) – dabei wurde auch das Einverständnis darüber herbeigeführt, dass v.a. die DP Anträge einbringen dürfe (a.a.O., XI. Nr. 54, S. 271).

392 a.a.O., XIV. Nr. 57, S. 1783.

393 a.a.O., XIV. Nr. 57, S. 1793; Ablehnung mit 10:5 Stimmen.

394 a.a.O., XIV. Nr. 57, S. 1788; *Werner* 1995, S. IX.

395 *AD ParlR*, XIV. Nr. 57, S. 1815ff.; das Thema wurde auch im März und im April regelmäßig – z.B. in den interfraktionellen Besprechungen oder in den Fraktionen – diskutiert (z.B. *Fr. Prot. CDU/CSU*, Nr. 125, S. 446; Nr. 127, S. 452).

Rechten. Bei letzterer Frage standen sich hauptsächlich Vertreter der SPD, auf dem Standpunkt der menschlichen Kreation der Rechtsordnung, und die christlichen Parteien, auf dem Standpunkt der naturgegebenen, christlich-abendländischen Rechtsordnung gegenüber.

Die Frage des natürlichen Elternrechts – das als solches weiter suprafraktionelle Anerkennung genoss – rief weiterhin ein stark diverses Meinungsbild in Hinblick auf Wirkrichtung und Wirkweite hervor, das ferner auch die Option der Nichtaufnahme dieses Rechts enthielt. Man blieb daher vorerst bei der, an die Weimarer Verfassung angelehnten Fassung (s.o. IV.2.); ein Bild, das sich in der zweiten (s.o. IV.4.b.) und dritten Lesung (s.o. IV.5.a.) festigte.

In der zweiten Lesung fand die Einfügung der Feststellung der Grundrechte als gottgegeben in Artikel 1 abermals keine Mehrheit (s.o. IV.4.a.); ebenso wenig in der vierten Lesung. In dieser wurde auch der erneute Versuch abgelehnt, ein Einfallstor für Metaphysisches zu schaffen und das Volk und die Länder lediglich zu Trägern der Staatsgewalt zu erklären (s.o. IV.5.b.).

Für die Phase der Hauptausschussarbeit ist zudem zu konstatieren, dass im Zentrum der Naturrechtsdiskussion die Verankerung eines christlichen Naturrechtsverständnisses stand und dass dabei naturrechtsbefürwortende und naturrechtsskeptische Kräfte im Hauptausschuss etwa gleich stark vertreten waren. Es ist allerdings – betrachtet man zum Beispiel die Abstimmungsergebnisse zu entsprechenden Anträgen – mit einem minimalen Überhang naturrechtsskeptischer Kräfte zu rechnen.

Dabei wird diese Einschätzung durch die bloße Lektüre der Protokolle nicht augenscheinlich. Sie trügen hier den Leser mitunter. Dies ist der Zusammensetzung des Parlamentarischen Rates geschuldet: Es gab eine größere Zahl an Parteien und Rednern, die das Naturrecht befürworteten (s.o. IV.4.b.).[396]

[396] Befürwortende Kräfte gab es insbesondere in der CDU, CSU, DP und dem Zentrum, dagegen stehen die SPD, die Liberalen sowie die KPD (s.o. IV.4.b.).

V.

Die Diskussion im Plenum

1. Das Plenum

Das Plenum umfasste naheliegend alle 65 stimmberechtigten Abgeordneten des Parlamentarischen Rates. Es entfielen jeweils 27 Sitze auf die CDU/CSU-Fraktion und die SPD-Fraktion, fünf Sitze auf die Liberale Fraktion aus FDP, DVP sowie LDP und jeweils zwei Sitze auf die verbleibenden Parteien, nämlich die DP, KPD und das Zentrum.[397]

Auch im Plenum traten wieder Persönlichkeiten in den Vordergrund, die bereits aus Grundsatz- und Hauptausschuss bekannt waren. So hatten zum Beispiel der Abgeordnete Schmid – als Wortführer der SPD –, der Abgeordnete Heuss für die Liberalen und der Abgeordnete von Mangoldt als Berichterstatter für die Grundrechte erneut eine starke Stellung eingenommen.[398] Allerdings waren, wie bereits im Hauptausschuss, die Abgeordneten der kleinen Parteien in der Diskussion wieder mit relativ mehr Wortmeldungen vertreten. Sie nutzten abermals die Sitzungen, um ihre Positionen in der Öffentlichkeit zu betonen.[399]

Der Parlamentarische Rat folgte in seinen Sitzungen hergebrachten parlamentarischen[400] Regeln, wandte sich aber explizit gegen das von den Nationalsozialisten eingebrachte Gebaren, so wurde der Beifall grundsätzlich nicht durch Klatschen[401] angezeigt, sondern wie zuvor üblich „durch Klopfen, Scharren mit den Füßen oder durch Zurufe geäußert."[402]

---

397 *Werner* 1995, S. VII.

398 a.a.O., S. IXf., *AD ParlR*, IX. Nr. 9, S. 451; Liste der Berichterstatter: *Fr. Prot. CDU/CSU*, Nr. 108, S. 402.

399 *Werner* 1995, S. X, XX.

400 Werner erklärt, dass das Gebaren des Parlamentarischen Rates so wirkte, „als sei er die für ganz Deutschland sprechende parlamentarische Vertretung." (a.a.O., S. XXX).

401 Eine Ablehnung dieser Übung wird in der ersten Geschäftsordnungssitzung mit Rekurs auf das Gebaren in der Nazizeit vereinbart (*AD ParlR*, X. Teil B Nr. 1, S. 147).

402 *Werner* 1995, S. XI; allerdings schafften es die Abgeordneten nicht immer, an sich zu halten und spendeten an der ein oder anderen Stelle Beifall durch Händeklatschen (so bspw. *AD ParlR*, IX. Nr. 10, S. 509 oder S. 605).

Das Plenum tagte zu Beginn der Arbeit des Parlamentarischen Rates im September 1948 sowie im Oktober 1948 zu in den Fachausschüssen aufgekommenen Streitfragen, die auch für eine breitere Öffentlichkeit[403] wirksam Besprechung finden sollten. Letztere Sitzung wird im Nachhinein von den Verantwortlichen als erste Lesung des Grundgesetzes eingeordnet, weshalb die Wiederaufnahme der Arbeit im Mai 1949 direkt mit der zweiten Lesung beginnt.[404]

Werner beschreibt den Teil der Arbeit des Plenums – der im folgenden Teil Analyse finden soll – als hauptsächlich formelle Aufgaben erfüllend: „Im Plenum des Parl[amentarischen] Rates spielten sich im Rahmen der zweiten und dritten Lesung des Grundgesetzes mehr oder weniger formale Entscheidungsprozesse ab, die seit Anfang April in großer Intensität und auch Hektik in interfraktionellen Besprechungen, Beratungen mit den Alliierten und in Hauptausschußsitzungen abgesegnet worden waren und von denen in den Protokollen des Plenums so gut wie gar nichts zu erkennen ist."[405]

Es sei am Rande zum vorliegenden Dokumentenband bemerkt, dass die Hervorhebungen in den Protokollen, deren Herkunft unbekannt[406] ist, in die zugrundeliegende Edition der Akten und Protokolle Eingang gefunden haben. Sie werden zwar bei der Analyse keine Berücksichtigung finden, insbesondere werden diese auch bei Zitaten innerhalb dieser Arbeit vernachlässigt, es kann indes nicht ausgeschlossen werden, dass ein unbedarfter Leser der Protokolle dadurch in seiner Interpretation unzulässig gelenkt wird und gegebenenfalls zu anderen Schlüssen kommen mag.

2. Diskussion der Präambel (20. Oktober 1948)

Die Fachausschussarbeit war bereits in vollem Gange, der Hauptausschuss noch nicht konstituiert, da wurde die erste Plenarsitzung anberaumt. Die Präambel war der erste inhaltliche Tagesordnungspunkt.

Diese frühe Plenarsitzung konnte aufgrund der nicht vorgesehenen Abstimmung lediglich ein Stimmungsbild der Fraktionen, respektive der Abgeordneten zeichnen

---

403 a.a.O., IX. Nr. 6, S. 176, Fn. 1.

404 *Werner* 1995, S. XIIIff.

405 a.a.O., S. XIX; dieses Verhalten seitens der beiden großen Fraktionen wurde durch Adenauer (CDU) und Schönfelder (SPD) in der interfraktionellen Besprechung vom 5. Mai 1949 angebahnt (*AD ParlR*, XI. Nr. 54, S. 270).

406 Siehe dazu *Werner* 1995., XXXIX.

und dem Meinungsaustausch der Abgeordneten dienen, insbesondere auch derjenigen Parteien, die in entsprechenden Fachausschüssen nicht vertreten waren.

Während der Abgeordnete Schmid zunächst skizzierte, was die Präambel für die SPD-Fraktion enthalten müsse, nämlich neben der Ausgangssituation Angaben zur Gestaltung und dem Inhalt, dem Geltungsgrund und Geltungsraum sowie -zeit, plädierte der Nachredner, der Abgeordnete Süsterhenn, dass das Grundgesetz auch einen Geist besitze und zu vermitteln habe. Er machte diesen Geist in Abgrenzung zur totalitären Herrschaft der zwölf Jahre unter den Nationalsozialisten aus sowie in der Abgrenzung zur totalitären Herrschaft, wie er sie in den östlichen Bereichen ausmachte.[407]

Süsterhenn stellte in seinen Ausführungen zudem den Bezug zu den Naturrechtslehrern der Scholastik[408] und deren Feststellung der Direktionskraft des Gesetzes her.[409] „Diese dirigierende Kraft muß auch schon in der Präambel zum Ausdruck kommen, [...] den zentralen Gedanken des Grundgesetzes so unterbauen, [...] daß er seine Wurzeln letzten Endes auch im Metaphysischen findet."[410] Er forderte deshalb einen Bezug auf Gott; es handle sich bei der Würde des Menschen um ein von Gott gegebenes Recht.[411] Die Verfassung solle „auf dem ewigen Felsgrund des göttlichen Sittengesetz errichtet werden [...]."[412]

Heuss schloss die Hereinnahme einer invocatio dei zwar nicht vollständig aus, jedoch gab er zu bedenken, er habe „[...] die Sorge, dabei Gott zu bemühen, für die Unzulänglichkeiten, die Torheiten, und die Mißverständnisse, die auf Grund eines

---

407 *AD ParlR*, IX. Nr. 6, S. 180ff.; in den interfraktionellen Besprechungen im Vorfeld der Plenumssitzung war bereits signalisiert worden, dass auch die SPD einer Gottesnennung zustimmen könnte (a.a.O., XI. Nr. 6, S. 29).

408 Während die Scholastik zunächst noch an antike Vorstellungen anknüpfte, war es Thomas von Aquin, der eine Weiterentwicklung verbreitete, wobei sich der Zusammenhang von Würde und Freiheit manifestierte, dennoch blieb aus der Gottebenbildlichkeit abgeleitet die Erfüllung moralischer Pflichten erhalten (*Kirste* 2012, § 204, Rn. 8). Die Scholastik begründet die gottbezogene Individualfreiheit und dadurch auch die Ermöglichung von Schuld und Sünde (*Starck* 2004, S. 564ff.). Das Naturrecht ist Ausfluss des göttlichen Willens, bereitet ein vernünftiges Handeln, eine vernünftige Teilhabe an der Schöpfung und kann nur durch ihn in Einzelfällen überwunden werden; es steht unter dem Vorbehalt Gottes. Der Kern des Naturrechtsverständnisses wurde bereits beim Frühscholastiker Wilhelm von Auxerre († 1231) mit der Gleichsetzung von Natur und Vernunft vorbereitet (*Brieskorn* 2007, S. 105ff.).

409 *AD ParlR*, IX. Nr. 6, S. 185.

410 a.a.O., IX. Nr. 6, S. 185.

411 a.a.O., IX. Nr. 6, S. 185f.

412 a.a.O., IX. Nr. 6, S. 191.

sehr menschlichen Werkes entstehen."[413] Er sah in einer solchen metaphysischen Grundlegung einen diesseitigen Verantwortungsentzug.[414]

Der DP-Abgeordnete Seebohm hingegen unterstützte Süsterhenn im Vorhaben der Hereinnahme einer Gottesnennung, sei man durch sein Gewissen auch den geistigen Mächten verpflichtet und damit Gott.[415] Ebenso sprang die Abgeordnete Wessel den Fürsprechern der invocatio dei bei und erkannte ebenfalls die Menschenwürde in gottgegebenen Rechten begründet.[416]

Wessel stellte über die Präambel hinausgehend und auf die Ausführungen ihres Parteifreundes Brockmann Bezug nehmend[417] fest, dass „[...] zu den in einem Grundgesetz zu garantierenden Freiheitsrechten unter allen Umständen auch das vom Naturrecht gegebene Elternrecht gehören muss."[418] Wessel war ferner der Ansicht, dass gesunde Politik lediglich dann möglich sei, wenn weltanschauliche Fragen im Grundgesetz Regelung fänden, sodass sie nicht Inhalt parteipolitischer Auseinandersetzungen würden.[419] Der Beitrag Wessels stellt ein Beispiel dar, wie die kleineren Parteien die Bühne des Plenums nutzten, um sich und ihre Standpunkte zu präsentieren.

Ihre Ausführungen zum Elternrecht wurden erheblich durch den Abgeordneten Heuss gestört, der seine vehemente Opposition durch eine Vielzahl von ablehnenden Zwischenrufen nach außen trug.[420]

---

413 a.a.O., IX. Nr. 6, S. 196.

414 a.a.O., IX. Nr. 6, S. 196.

415 a.a.O., IX. Nr. 6, S. 199.

416 a.a.O., IX. Nr. 6, S. 209.

417 Brockmann erklärte, dass alles was die Familie leisten könne, in der Familie bleiben solle, den Eltern käme von Natur aus das Recht der Erziehung zu. Er leitete das natürliche Recht auf Erziehung nicht namentlich aus einer Naturrechtsschule her, sondern erklärte, dass die Erziehung naturhaft bei den Eltern angesiedelt sei und es dem Subsidiaritätsprinzip entsprechend dort auch – durch das Grundgesetz garantiert – bleiben solle (a.a.O., IX. Nr. 3, S. 145).

418 a.a.O., IX. Nr. 6, S. 210.

419 a.a.O., IX. Nr. 6, S. 211f.

420 a.a.O., IX. Nr. 6, S. 210f.

3. Die sogenannte zweite Lesung (erste vollständige Lesung) des Grundgesetzes (6. Mai 1949)

a. Proömium

Nachdem am 5. Mai 1949 die Lesungen zum Grundgesetz im Hauptausschuss abgeschlossen waren (s.o. IV.5.b.), trat am 6. Mai 1949 das Plenum zur zweiten Lesung des Grundgesetzes zusammen.

Einführend sprach Schmid als Berichterstatter aus dem Hauptausschuss und verwies in den wenigen Sätzen zum Abschnitt der Grundrechte auf die Hereinnahme sogenannter klassischer Grundrechte. Die klassischen Grundrechte sind eine bereits aus Grundsatz- und Hauptausschuss bekannte Formel, deren konkreter Inhalt und Umfang ex ante dennoch unbestimmt, nicht greifbar war (s.o. bspw. III.1.b u. c. sowie IV.3.).[421]

Erwähnenswert ist zudem der abgelehnte Antrag des Abgeordneten Seebohms, das Grundgesetz mit dem Titel „Grundgesetz zur Erneuerung des Deutschen Reiches" zu überschreiben.[422] Dieser Antrag fand gemäß Seebohm seine Begründung darin, „[...] daß das Deutsche Reich nach dem Vorbild und den Geboten der göttlichen Schöpfungsordnung geschaffen wurde und so auch in Zukunft bestehen soll."[423]

b. Diskussion zu Artikel 1 und 20

Es war abermals der Abgeordnete Seebohm, der die Naturrechtsdiskussion eröffnete. Er beantragte, einen Gottesbezug in den ersten Artikel zu verankern. Dazu regte er an: „Diese Bestimmung soll einen besonders tiefen Ernst und eine endgültige Bedeutung dadurch bekommen, daß diese höchsten Rechtsgedanken als ‚von Gott gegeben'

421 a.a.O., IX. Nr. 9, insb. S. 437; Der KPD-Abgeordnete Renner umreißt kritisierend den Begriff der klassischen Grundrechte als die Grundrechte, die das Bürgertum in Folge der Französischen Revolution errungen habe, die allerdings keinen Fortschritt darstellen würden – es fehlen, seiner Ansicht nach, die sozialen und wirtschaftlichen Grundrechte (a.a.O., IX. Nr. 9, S. 460). Auch die SPD differenzierte im Rahmen einer Pressekonferenz vom 20. April 1949 zwischen klassischen Grundrechten und unechten, zu denen z.B. das Elternrecht gehöre (*Fr. Prot. CDU/CSU*, Nr. 140, S. 493).

422 *AD ParlR*, IX. Nr. 9, S. 445.

423 a.a.O., IX. Nr. 9, S. 445.

anerkannt werden."[424] Dieser Antrag stieß allerdings – wie sein vorhergegangener – auf Ablehnung.[425]

Das gleiche Schicksal ereilte den Antrag zu Artikel 20, bei dem Seebohm Volk und Länder zum Träger der Staatsgewalt erklärte; das gleiche Schicksal wie sämtliche in diese, Metaphysisches im Grundgesetz verankern wollende Richtung zielende Anträge der DP zuvor im Grundsatz- und Hauptausschuss (s.o. III.4.b u. IV.5.b.).

Ebenso erging es einem ähnlich lautenden Antrag zum Träger der Staatsgewalt aus den Reihen der CDU/CSU-Fraktion.[426]

4. Die sogenannte dritte Lesung (zweite vollständige Lesung) des Grundgesetzes (8. Mai 1949)

a. Diskussionen vorneweg

Die letzte, die Beratungen zur Gestaltung des Grundgesetzes abschließende Sitzung fand am nunmehr geschichtsträchtigen[427] 8. Mai statt, also genau vier Jahre nach der Kapitulation des Deutschen Reiches.[428]

Der SPD-Abgeordnete Menzel[429] erklärte bei dieser Lesung in der vorgelagerten allgemeinen Aussprache: „Gerade weil wir das Postulat der Freiheit als ein wesentliches Naturrecht so hochhalten, haben wir es bedauert, daß das sogenannte Elternrecht überhaupt in die Debatte geworfen und mit dem Grundrecht der Freiheit der Menschen vermengt worden ist."[430]

Diese Aussage Menzels mag den aufmerksamen Leser der Akten und Dokumente überraschen: Die Diskussionsbeiträge der Sozialdemokraten bei der konkreten Arbeit an den Grundrechtsartikeln lässt – mit Ausnahme der ersten Sitzungen im Grundsatzausschuss (s.o. III.1 u. 2) und den Positionen Bergsträssers, insbesondere

---

424 a.a.O., IX. Nr. 9, S. 446.
425 a.a.O., IX. Nr. 9, S. 447.
426 a.a.O., IX. Nr. 9, S. 462.
427 Als geschichtsträchtig auch bei *Werner* 1995, S. XX bezeichnet.
428 An diese Bedeutung des Datums erinnerten im Vorfeld der Lesung auch der Abgeordnete Menzel (*AD ParlR*, IX. Nr. 10, S. 521) sowie der Abgeordnete Heuss (a.a.O., IX. Nr. 10, S. 542). Am Ende der Sitzung wurde es von Brentano (a.a.O., IX. Nr. 10, S. 600) und Schmid aufgegriffen (a.a.O., IX. Nr. 10, S. 612) – Adenauer formulierte es als Wunsch, dass das Grundgesetz als Beschlussdatum im Parlamentarischen Rat das Datum des 8. Mais trage (a.a.O., IX. Nr. 10, S. 612).
429 Walter Menzel (1901–1963), SPD, Verfassungsexperte (siehe Anhang 2 (1)).
430 *AD ParlR*, IX. Nr. 10, S. 526.

zu Artikel 1 (a.a.O. u. III.5.)[431] – keinen klaren, expliziten und beharrenden Bezug auf Naturrechte erkennen, insbesondere nicht auf Naturrechte einer bestimmten Schule.[432] Diese Aussage Menzels stellte indes den Auftakt zu einer Erklärung dar, weshalb das Elternrecht kein unantastbares Recht sei. Er postulierte dagegen: „Die Obrigkeit hat auch ein primäres, unabhängiges und selbständig neben dem der Eltern stehendes Recht auf Erziehung und Unterricht der Jugend […].“[433]

Heuss positionierte sich nachfolgend noch deutlicher gegen das Elternrecht als Naturrecht. Es sei, so Heuss, die Schule gerade eine Veranstaltung der Gemeinschaft.[434]

Die Zentrumsabgeordnete Wessel, die betonte, dass die Bedeutung der Elternrechte durch die Zeit des Nationalsozialismus deutlicher geworden sei[435], führte zum Wesen dieser Elternrechte aus: „Sie wurzeln […] im Naturrecht und in der sittlichen Wertordnung selbst. Sie bilden deshalb auch die natürliche Schranke für die Betätigung der Staatsgewalt.“[436] Wessel sah sich bemüßigt zu betonen, dass die Zentrumsfraktion sich bei der Konzeption der Grundrechte davon leiten lassen hatte.[437] Die Zentrumsfraktion sah dabei auf der naturrechtlichen Basis die Notwendigkeit der Verankerung sozialer Grundrechte im Grundgesetz: „Wir sind der Auffassung […], es […] gibt ein ebenso bestimmtes Naturrecht für den sozialen Bereich.“[438]

Ebenfalls für einen vorstaatlichen Geltungsgrund sprach sich der DP-Abgeordnete Seebohm aus. Er erläuterte: „Rechtsordnung muss begriffen werden als Spiegelbild der Schöpfungsordnung, begründet auf einem primären, von Gott gegebenen Inhalt. Daher gibt es Recht nur als Offenbarung des Absoluten.“[439]

---

431 Außerhalb der ordentlichen Gremien verwies der Abgeordneten Zinn auf die Natürlichkeit weniger Grundrechte (s.o. IV.5.Exkurs).

432 Durch ihr Beharren auf Abwehrrechte (z.B. IV.2.c oder IV.5.Exkurs) ist eine Verortung der Grundrechtsbemühungen im Bereich der liberalen Naturrechte in der Nachfolge von Locke zu rechtfertigen (dagegen sprechen Schmids Ausführungen in der Eigentumsrechtsdiskussion III.3.a.), indes ist die Verortung nicht ohne Zweifel aus den Protokollen zu lesen.

433 a.a.O., IX. Nr. 10, S. 528.

434 a.a.O., IX. Nr. 10, S. 539; Heuss kritisierte in seine folgenden Ausführungen die beeinflussende Rolle der Kirchen, insbesondere auch in dieser Frage (a.a.O., IX. Nr. 10, S. 540f.).

435 a.a.O., IX. Nr. 10, S. 554.

436 a.a.O., IX. Nr. 10, S. 554.

437 a.a.O., IX. Nr. 10, S. 554.

438 a.a.O., IX. Nr. 10, S. 557.

439 a.a.O., IX. Nr. 10, S. 564; er sah darin auch die Grundlage des Reichsgedankens, dieser habe die göttliche Rechtsordnung zuvor verkörpert und solle dies auch in Zukunft tun (a.a.O., IX. Nr. 10, S. 568f.).

b. *Diskussion zum Teil der Grundrechte*

Während die Präambel ohne Diskussion abgehandelt wurde, eröffnete die CDU/CSU-Fraktion[440] mit einem Beitrag des Abgeordneten Finck[441] die Diskussion zu den Grundrechten. Finck leistete mit diesem Beitrag, der seinen Einstieg über das in der Naturrechtsdiskussion des Parlamentarischen Rates so prominente[442] Elternrecht fand, einen weiteren Beitrag zur Naturrechtsdiskussion. Inhaltlich bewegte er sich im Bereich des bereits durch andere Abgeordnete Beigetragenen – allerdings bestand er darauf, dass das Elternrecht auch bereits im 19. Jahrhundert zur Zeit der Verhandlungen über die Paulskirchenverfassung eine Rolle gespielt habe. Er verwies dazu auf die Ausführungen des damaligen Abgeordneten von Ketteler[443] (siehe dazu auch IV.2.c.).[444] Mehr beiläufig erklärte Finck seine Ansicht zum Wesen der Verfassungsarbeit des Parlamentarischen Rates: „Denn hier handelt es sich um nichts anderes, als die Begegnung zwischen Christentum und Staat, […] um die Berührung der Staatsrechte mit den elementarsten, natürlichen und nach unserer Ansicht von Gott gegebenen Menschenrechten."[445]

Eine weniger auf das Christentum fixierte metaphysische Verwurzelung brachte auf Finck folgend – und wieder in expliziter Abkehr von der Zeit des Nationalsozialismus – die Abgeordnete Weber ein: „[…] deshalb sind das für uns Rechte, die von Gott gegeben werden. Andere, die nicht an Gott glauben, werden sie metaphysisch

---

440 Bereits am 29. April 1949 stellte Weber in einer Fraktionssitzung fest, dass von der Anhängerschaft erwartet werden würde, dass die Union sich zum Elternrecht bekenne (*Fr. Prot. CDU/CSU*, Nr. 150, S. 527) und auch Adenauer (a.a.O., Nr. 153, S. 538) bestand darauf.

441 Albert Finck (1895–1956), Redakteur aus Rheinland-Pfalz, studierte zunächst an der Universität München, an der er nach dem Militärdienst mit einer Dissertation zum Naturrecht promoviert wurde. Er wurde als demokratischer Patriot beschrieben und war einer der wenigen Mitglieder des Parlamentarischen Rates, die zuvor noch kein Regierungs- und Abgeordnetenamt innehatte (*Schwarzmüller* 2008, S. 151ff.).

442 Die überproportionale Behandlung des Elternrechts stellte auch Renner heraus (a.a.O., IX. Nr. 10, S. 583).

443 Wilhelm Emmanuel Freiherr von Ketteler (1811–1877), studierte zunächst Jura, wurde Regierungsreferendar und trat dann nach der Gefangennahme des Kölner Erzbischofs Clemens August Droste zu Vischering aus dem Staatsdienst aus und studierte Theologie. Als Pfarrer war er Mitglied der Frankfurter Nationalversammlung und wurde anschließend Bischof in Mainz. Der als Arbeiterbischof bekannte Ketteler gilt als Begründer der Katholischen Arbeiter Bewegung KAB (*Iserloh* 1977, S. 556ff.).

444 *AD ParlR*, IX. Nr. 10, S. 572f.; auf das aus dem Naturrecht abgeleitete Elternrecht geht auch der Zentrumsabgeordnete Brockmann in seinem Beitrag mit den bereits bekannten Argumenten ein (a.a.O., IX. Nr. 10, S. 580ff.).

445 a.a.O., IX. Nr. 10, S. 573; hierbei ist seine Vorprägung zu beachten, insbesondere seine Auseinandersetzung im Rahmen seiner Dissertation (s.o. Fn. 441).

verankern; aber irgendwo müssen sie verankert sein.“[446] Eine Aussage, die vermittelt, dass Weber keine zwangsläufige Ableitung der Grundrechte von Gott gegeben sieht, sich indes nicht vorstellen kann, dass diese Rechte einen anderen Geltungsgrund haben könnten, als einen aus etwas Metaphysischem abgeleiteten.

Der KPD-Abgeordnete Renner versuchte in seinem Beitrag darzulegen, weshalb das von den namentlich christlichen Parteien als Naturrecht verfochtene Elternrecht eben kein solches sein könne.[447] In eine ähnliche Argumentationsrichtung bewegte sich die SPD-Abgeordnete Nadig, die feststellte, dass wenn überhaupt ein Naturrecht vorliege, dann in der Gleichberechtigung des ehelichen zum unehelichen Kind.[448]

Abschließend fand der Abschnitt zu den Grundrechten ohne Änderung zur Fassung der zweiten Lesung Annahme.[449]

5. Erklärungen zum Abschluss der Beratungen (8. Mai 1949)

Bei den die Schlussabstimmung säumenden Beiträgen sind Naturrecht, respektive die Fundierung der Rechtsordnung nur sehr zurückhaltend thematisiert. Einige der letzten Beiträge lieferten dabei – mit resümierendem, das Grundgesetz ablehnendem Charakter – die Abgeordneten Schwalber[450], Heile und Wessel; Beiträge die für die Gesamtbewertung Bedeutung entfalten.

Schwalber stellte für eine Reihe einflussreicher CSU-Abgeordnete, darunter auch für den Abgeordneten und Grundsatzausschuss-Mitglied Pfeiffer[451], fest, dass „[...] es nicht möglich [war], daß das Grundgesetz sich eindeutig und entschieden zu den

---

446 a.a.O., IX. Nr. 10, S. 578.

447 a.a.O., IX. Nr. 10, S. 583f.

448 a.a.O., IX. Nr. 10, S. 585.

449 a.a.O., IX. Nr. 10, S. 586.

450 Josef Schwalber (1902–1969), Staatssekretär, studierte nach Besuch des humanistischen Gymnasiums an der Universität München Rechtswissenschaften und Nationalökonomie. Er wurde dort mit der Dissertation „Vogelsang und die moderne christlich-soziale Politik“ promoviert. Er ließ sich als Rechtsanwalt in Dachau nieder und wurde Mitglied der BVP. Diese Mitgliedschaft brachte ihn 1933 in sogenannter Schutzhaft. Er leistete Kriegsdienst und war nach dem Krieg Bürgermeister von Dachau, ab 1946 auch Abgeordneter im Bayrischen Landtag sowie ab 1947 zudem Landrat in Dachau, schließlich ab 1947 Innenstaatssekretär in Bayern (*Braun* 2008, S. 330ff.).

451 Pfeiffer legte in diesem Kontext zuvor seinen Fraktionsvorsitz nieder (siehe hierzu *Fr. Prot. CDU/CSU*, Nr. 159, S. 555).

Gedanken unserer christlichen Staatsaufassung bekennt."[452] Deshalb sei es ihnen nicht möglich, dieser gefundenen Fassung des Grundgesetzes zuzustimmen.[453]

Der DP-Abgeordnete Heile bewertete die Grundgesetzfassung als nicht den Erfordernissen der Zeit und Situation entsprechend. Die Rechtsordnung biete keinen ausreichenden Schutz vor dem erneuten Erwachsen eines totalitären Regimes. Es fehle eine Fundierung in der zielgebenden Schöpfungsordnung.[454] „Das ist deutlich bei der Fassung der Grundrechte erkennbar, die, auf dem Boden des Positivismus erwachsen, nicht von der Unabänderlichkeit der gottgegebenen Rechtswerte ausgehen."[455]

Die Zentrumsabgeordnete Wessel begründete die Ablehnung[456] des Grundgesetzes damit, dass sie „[…] von dieser Zustimmung allein durch die negative Entscheidung über das naturbegründete Elternrecht abgehalten worden sind."[457]

6. Zwischenergebnis

Die letzte Hürde musste das Grundgesetz im Plenum nehmen. Das bereits mit der Analyse des Grundsatz- und Hauptausschusses gezeichnete Bild findet hierbei Bestätigung. Anhand der abgelehnten Anträge (s.o. V.3 u. V.4.) und den abschließenden Erklärungen (s.o. V.5.) kann man zumindest deutlich eine Ablehnung einer konkreten naturrechtlichen Fundierung des Grundgesetzes und insbesondere der Grundrechte im christlichen Naturrecht konstatieren – ein Umstand der unter anderem auch durch den Kreis derer, die das Grundgesetz schließlich ablehnen Bestätigung findet.[458]

---

452 *AD ParlR*, IX. Nr. 10, S. 616.

453 a.a.O., IX. Nr. 10, S. 616; siehe dazu auch zur namentlichen Abstimmung a.a.O., IX. Nr. 10, S. 617.

454 a.a.O., IX. Nr. 10, S. 621f.

455 a.a.O., IX. Nr. 10, S. 621.

456 a.a.O., IX. Nr. 10, S. 617; siehe Abgeordnete Brockmann (Z. 2) und Wessel (Z. 14).

457 a.a.O., IX. Nr. 10, S. 623.

458 a.a.O., IX. Nr. 10, S. 617 – Ablehnung durch das Zentrum und die DP sowie mehrheitlich durch die CSU: Brockmann (Zentrum); Heile (DP), Kleindinst (CSU), Kroll (CSU), Laforet (CSU), Pfeiffer (CSU), Schwalber (CSU), Seebohm (DP), Wessel (Zentrum). Daneben ablehnend die KPD mit Reimann und Renner.

VI.

Konklusive Schlussbetrachtung

1. Zusammenfassung

a. Herangehensweise

Es ist ein Anliegen der vorliegenden Arbeit, einen Beitrag zur Klärung der Frage des Naturrechtseinflusses im Grundgesetz aufzuzeigen, wie er vom Parlamentarischen Rat – der vorliegenden Aktenlage nach – intendiert war. Inwieweit ist Naturrecht eingeflossen? Gab es zum Beispiel eine gewisse dominierende Naturrechtsschule?

Dass dabei keine simple Antwort möglich sein würde, sich auf Anhieb kein klares Bild herauskristallisiert, war bei den diversen im Nachhinein dazu geäußerten Ansichten zum Naturrechtseinfluss zu erwarten (s.o. I.).[459] Es war und ist keine offensichtliche Antwort gegeben.

Die Einschätzung des Naturrechtseinflusses lässt sich zudem nicht durch die Heranziehung einzelner Beratungen und dort getroffener Entscheidungen erreichen. Würde man lediglich einzelne Sitzungen heranziehen, so würde sich ein verzerrtes, beispielsweise bereits in den ersten Sitzungen des Grundsatzausschusses ein sehr unbestimmtes und dennoch naturrechtfreundliches Bild[460] ergeben (s.o. III.1 u. 2). Zudem entwickeln auch die Beiträge der einzelnen Abgeordneten über den Prozess Inkonsistenzen.[461] Dem ist Rechnung zu tragen und damit verlangt die zutreffende Einschätzung nach einer h o l i s t i s c h e n   H e r a n g e h e n s w e i s e, nach dem Einbezug der diversen und über verschiedene Beratungen verteilten Beiträge zur – wenn

---

459 Im Fokus der vorliegenden Analyse stand lediglich der Verfassungsgeber von 1948/1949 als solcher, zu dem Jestaedt bemerkt, dass dieser „[…] historisch entrückt [ist] und damit als Akteur unter dem Grundgesetz nicht (mehr) präsent.“ (*Jestaedt* 2002, S. 187). Es ist also lediglich eine Momentaufnahme.

460 *von Doemming/Füsslein/Matz* 1951, S. 42 charakterisieren die Grundrechte als „vorstaatliche (vorverfassungsmäßige) Rechte, konkretisiert als Rechtsätze“ und stützen sich hierzu hauptsächlich auf die frühen Sitzungen des Grundsatzausschusses.

461 Als Beispiel sei nur die Abgeordnete Weber angeführt: Vergleiche: III.2.a. insb. Fn. 175 (nicht jedes Grundrecht ist aus dem Naturrecht abzuleiten) dagegen IV.2.c. jedes vom Grundsatzausschuss vorgelegte Grundrecht ist ein natürliches sowie Haltung in der Eigentumsrechtsdiskussion (III.3.a.). Oder: Ablehnung von Metaphysischem im GG (III.4.b.), dagegen: V.4.b.

auch nicht explizit und zusammenhängend als solche geführten – Naturrechtsdiskussion.

Des Weiteren und damit einhergehend sind die Redebeiträge im Kontext des Gesamtprozesses, seines Fortschritts und der Abstimmungen einzuschätzen – eine Selbstverständlichkeit, allerdings lässt sich der Leser der Dokumente von den mitunter ungleichen Redeanteilen (dazu insb. VI.1. u. V.1.) zur tatsächlichen Stimmmacht möglicherweise täuschen. Es mag gerade auch darin ein möglicher Grund der dissonanten Vielstimmigkeit der vorhandenen Einschätzungen (s.o. I. z.B. Fn. 3) liegen.

b. Das Grundgesetz – ein Kompromiss

Zur Kontextualisierung trägt die Berücksichtigung der Ausgangssituation der Arbeit des Parlamentarischen Rates und insbesondere seiner Abgeordneten bei (s.o. II.). Die Schrecken der Zeit des Nationalsozialismus[462] waren erst kurz vergangen und belasteten die Gesellschaft noch schwer (s.o. II.1.c.). Ein ganz überwiegender Anteil der Abgeordneten des Parlamentarischen Rates hatte selbst unter den Nationalsozialisten in sehr unterschiedlicher Intensität gelitten (s.o. II.2. u. s.u. Anhang 1 u. 2jjj).

So mag es nicht verwundern, dass die Jahre unter dem Nationalsozialismus in den Diskussionen sehr präsent waren und ein Tenor die Beratungen über das Grundgesetz stark beeinflusste, der in etwa lautete: „So etwas darf nicht noch einmal möglich sein“ (diverse Stellen, u.a. hier III.2.a.; IV.2.c.; V.4.b.). Es bestand das starke Bedürfnis zur Abkehr vom Nationalsozialismus und des Verunmöglichens einer Wiederholung eines solchen und jedes anderen totalitären Regimes.[463]

Damit waren diese Abgeordneten allerdings der Gesellschaft voraus. Der Nationalsozialismus erfreute sich in der westdeutschen Gesellschaft, also in der Gesellschaft der drei westlichen Besatzungszonen immer noch großen Zuspruchs, wie unter anderem Umfragen des Norddeutschen Rundfunks aus dem Jahr 1948 belegen.[464]

---

462 Zum Einfluss der Zeit des Dritten Reichs auf die Gestaltung siehe z.B. auch *Starck* 2012, S. 211ff.

463 Bisweilen gingen die Ausschussmitglieder soweit, dass sie eine Abkehr vom Nationalismus überhaupt forderten (z.B. Schmid und Heuss – dieser nennt es gar die große Aufgabe der damaligen Generation – *AD ParlR*, V. Nr. 9, S. 184). Dies kann allerdings nicht als Konsens aufgefasst werden.

464 Dazu *Piel* 1996, S. 146ff.

Daneben – und in der Wirkung unmittelbarer – stand die Verpflichtung[465] der Deutschen in den westlichen Besatzungszonen durch die Frankfurter Dokumente, insbesondere des Dokumentes Nr. 1, eine unter anderem Grundrechte garantierende Verfassung zu erarbeiten, welche sie trotz anfänglicher Abneigung eingingen (s.o. II.1.a. u. b.).[466] Dabei war ein latenter Erfolgsdruck wahrnehmbar. Ein Scheitern der Verhandlungen barg als solches mitunter für gewisse Kreise die Gefahr, als Erfolg Moskaus gewertet zu werden.[467] Mit der Drohkulisse der russischen Machtübernahme in Gesamtdeutschland spielten auch die Alliierten, so formulierte General Clay am 14. Juli 1948 in einer Reaktion im Kontext der Koblenzer Beschlüsse: „Wenn wir im Westen nicht hier wären, wären Sie längst russisch."[468]

Allerdings verlief der Erarbeitungsprozess in einer durch die Länderparlamente bedingten Zusammensetzung mit nicht eindeutigen Mehrheitsverhältnissen: Die Position der stärksten Fraktion wurde – retrospektiv betrachtet: glücklicherweise[469] – von der christlich orientierten Union und der sozialdemokratisch ausgerichteten SPD pari passu geteilt (s.o. V.1.), also von Parteien unterschiedlicher ideologischer Verankerung. Und auch im Einbezug der kleineren Parteien setzte sich diese paritätische Polarität fort (s.o. VI.4.b.).[470]

In der Gemengelage[471] der damaligen Realität ist es offensichtlich, dass ein solches Verfassungswerk auch im Bereich der Grundrechte l e d i g l i c h E r g e b n i s

465 Die Alliierten fassten die Frankfurter Dokumente weniger als lose Aufforderung, sondern als Anweisung auf. Im Kontext der Koblenzer Beschlüsse (s.o. II.1.b.) vermittelten sie den Ministerpräsidenten die negativen außenpolitischen Wirkungen eines Scheiterns der Verfassungserarbeitung (dazu *Feldkamp* 1999, S. 19f.).

466 Zum Bestehen der Motivation zur Konstitution eines demokratischen Rechtsstaats siehe auch *Oberreuter/Weber* 1996, S. 19f. *Bracher* 1996, S. 27 nennt diese Entwicklungen 1948/1949 gar die entscheidenden Entwicklungen zur Eingliederung der neuen Bundesrepublik Deutschland in die westliche Staatengemeinschaft.

467 Dazu *Feldkamp* 1996, S. XVLI. und *Feldkamp* 1998, S. 131f. u. 142ff.

468 Abgedruckt bei *Feldkamp* 1999, S. 64ff., hier S. 65.

469 Diese Wertung sei mir an dieser Stelle erlaubt, ist es m.E. eine der Voraussetzungen, dass die Verfassung einen freiheitlich-demokratischen Mindeststandard (siehe dazu VI.2.) manifestierte, der nicht eine mehrheitlich begrüßte Parteiideologie zementierte. Dieser Umstand muss Kräften bewusst sein, die eine neue Verfassung – zum Beispiel im Nachgang der Wiedervereinigung – (mitunter immer noch) fordern. Dieser Umstand ist allerdings unterschiedlicher Herangehensweisen bei der Bestimmung der in den Parlamentarischen Rat Abgeordneten zu verdanken: Wären alle Landtage nach der einfachen Stimmenverteilung vorgegangen, so hätte die CDU die Position der stärksten Fraktion innegehabt (siehe dazu *Feldkamp* 1998, S. 36f.).

470 Diese Einschätzung teilt auch *Rosenbaum* 1972, S. 116.

471 Eine ähnliche Zusammensetzung der Gemengelage kann auch bei *Stern* 1971, S. 391 ausgemacht werden.

eines Kompromisses sein konnte – ein Kompromiss[472], der keiner der Parteien den Eindruck von Benachteiligung oder eines Unterliegens vermittelte.[473] Eine Einschätzung, zu der auch die Abgeordneten diverser Parteien, insbesondere gegen Ende der Arbeit am Grundgesetz, kamen[474] und die auch die Bearbeiter der Akten und Dokumente teilen.[475]

c. *Der Kompromiss – ein naturrechtliches Fundament*

Stellt das naturrechtliche Fundament also den Kompromiss im Bereich der Grundrechte dar?

Die Wissenschaften überspannende, sich als Reaktion auf die zuvor erlebte totalitäre Herrschaft entwickelnde Naturrechtsrenaissance (s.o. II.1.d.) muss als Wegbereiter für den gefundenen Grundrechtskompromiss eingeordnet werden. Unterstreichend dafür ist die vierte Sitzung des Grundsatzausschusses, in welcher der zentrale Artikel 1 des Grundgesetzes erstmals eingehend Behandlung fand und der im Ergebnis programmatisch für das Grundgesetz sein sollte (dazu auch IV.4.a.). In dieser Sitzung bestand mehrheitlich, im Willen der Abwendung von totalitären Regimen, die Ansicht, dass die Grundrechte, anscheinend als explizite Reminiszenz an die präsente Naturrechtsrenaissance, ihren Ursprung im Naturrecht finden. Indes – bezeichnend für den Charakter eines Kompromisses – verzichtete man auf die Festlegung auf eine konkrete Naturrechtsschule, gar auf eine gewisse Richtung dieser Strömung (s.o. III.2).

Durch das gemeinsame Sprechen von einem naturrechtlichen Fundament, wurde die Fiktion eines gemeinsamen Fundaments der Verfassung geschaffen, das aber in concreto, in der Tiefe nicht bestand. Es gab nicht das Naturrecht, das

---

472 Schön aus einer Innensicht dargestellt bei *Strauß* 1966, S. 354f.; Einschätzung zudem geteilt z.B. von *Rosenbaum* 1972, S. 116f.

473 Bezeichnend für die Angst vor Benachteiligung sind insbesondere die Geschehnisse im April (dazu a.a.O., S. LIVff.) oder die Causa Adenauer Mitte Dezember 1948 (*Feldkamp* 1997a, S. XVIf.). Das Grundgesetz sieht ein Parlament, den Bundestag, vor, in den die Parteien einzuziehen trachten; dies ist bereits in der wiedererstehenden politischen Landschaft bei der Erstellung des Grundgesetzes präsent (z.B. *AD ParlR,* X. Teil A Nr. 19, S. 51).

474 Bspw. Schmid (z.B. a.a.O., IX. Nr. 6, S. 179) und Renner (z.B. a.a.O., IX. Nr. 9, S. 460) stehen dazu, dass die Notwendigkeit des Kompromisses am Beginn stand (auch a.a.O., XIV. Nr. 55, S. 1755), auch wenn die KPD dazu gerade nicht bereit war (dazu auch IV.2.a); daneben Brentano (a.a.O., IX. Nr. 10, S. 601), Wessel (a.a.O., IX. Nr. 10, S. 623) und Adenauer in seiner Schlussansprache (a.a.O., IX. Nr. 10, S. 630).

475 Stellvertretend neben dem Autor *Feldkamp* 1999, S. 13.

die Abgeordneten mit unterschiedlicher ideologischer Heimat anerkannt hätten.[476] Und zumindest für die wortführenden Abgeordneten in den betrachteten Gremien ist Hufen zuzustimmen, der resümiert: „Auch im Hinblick auf die gleichsam überparteiliche ideengeschichtliche Basis darf man sich nicht vorstellen, es sei den Vätern und Müttern des Grundgesetzes nicht bewußt gewesen, daß sie mit ‚Naturrecht' und ‚überpositivem Recht' dasselbe sagten, dabei aber nicht dasselbe meinten."[477]

Dies beschreibt einen Umstand, der anhält und bei der Diskussion zu den Modalitäten der zweiten Lesung im Hauptausschuss deutlich wird (s.o. IV.3), insbesondere treffend durch die Aussage Menzels, „[...] daß, je länger wir debattiert haben, uns nicht zusammendebattiert haben, sondern voneinander entfernt haben."[478]

Gemeinsam war den Abgeordneten dabei die immer wieder bestätigend, als Etikett des Grundrechtskatalogs aufgerufene Berufung der Reformulierung der klassischen Grundrechte (s.o. u.a. III.1.c u. 3.a.; IV.3.; V.3.a.), ohne über den konkreten Inhalt Einigkeit herbeigeführt zu haben.

d. Die Folge – kein naturrechtliches Fundament

Paradox anmutend und dennoch aus der dargestellten Gemengelage folgend ist die Abstinenz eines konkreten naturrechtlichen Fundaments im Grundgesetz. Zwar gab es auch deutlich zu erkennende Anstrengungen, bestimmte Schulen des Naturrechts im Grundgesetz zu verankern, insbesondere die christliche Naturrechtsströmung[479] hatte eine starke Anhängerschaft und ein beachtliches Durchhaltevermögen im Parlamentarischen Rat an den Tag gelegt. Dennoch ist gerade für diese ein Scheitern dokumentiert – besonders deutlich in den Schlusserklärungen von Schwalber und Heile (s.o. V.5.).[480]

---

476 *Kirchhof* 2012, S. 44 stellt fest, dass ein fehlender Geltungsgrund von Menschen- und Freiheitsrechten ihren Geltungsanspruch schwäche. Einer solchen Schwächung mag eine Fiktion eines Fundaments entgegenwirken.

477 *Hufen* 1999, S. 1506; dass dies nicht für alle Abgeordnete gelten kann, wird bereits durch die Schlusserklärungen deutlich (s.o. V.5.).

478 *AD ParlR*, XIV. Nr. 27, S. 785.

479 Und auch dieser Naturrechtsbegriff ist wieder als ein Sammelbegriff einzelner sich darunter ausdifferenzierender Naturrechtsschulen zu begreifen.

480 Über die interne Offenlegung des Scheiterns wurde dieses auch von außen wahrgenommen, wie es beispielsweise ein Schreiben des Papstes Pius XII. vom 20. Februar belegt, das am 2. Mai 1949 als Presseveröffentlichung zirkulierte und das neben der Missachtung der christlichen Naturrechte den Deutschen die Rekonstruktion des vor der Kapitulation bestehenden Staatssystems vorwarf (abgedruckt bei *Feldkamp* 1999, S. 182f.).

Erkennbar sind die Differenzen[481] der zu Grunde gelegten Naturrechtsverständnisse, insbesondere in der Zeit der Verunsicherung über den Fortgang der Arbeit am Grundgesetz im April 1949, in der die SPD den verkürzten Grundrechtskatalog erarbeitete, den Zinn als Niederlegung der natürlichen Grundrechte bezeichnete. Diese Kurzfassung aber enthielt gerade einen großen Teil der Grundrechte gar nicht, darunter auch das Grundrecht, dass schließlich als erster Artikel in die Verfassung eingegangen ist (s.o. IV.5.Exkurs).

Dass die meisten Grundrechte naturrechtliche Erwägungen in ihrer Genealogie verzeichnen, ist für diese Folgerung unerheblich.[482]

2. Endergebnis

Es ist schließlich zu konstatieren, dass, entgegen der Annahmen, die die deutschen Höchstgerichte (s.o. I.) angestellt haben und entgegen der Bekundungen zu Beginn der inhaltlichen Fachausschussarbeit, kein konkretes, fassbares naturrechtliches Fundament für das Grundgesetz angenommen werden kann.

Dies ist im Kern auf die Problematik zurückzuführen, dass das Naturrecht in ganz mannigfaltigen Ausprägungen und Schulen bekannt war und ist.[483] Die fehlende Festlegung auf eine gewisse Schule, die fehlende Mehrheit für eine gewisse Strömung lässt keinen Rückbezug auf eine bestimmte Schule zu, insbesondere nicht im Rahmen der Rechtsprechung. Es wird gerade auch in den Diskussionen des Parlamentarischen Rates offenbar, dass sich eben diese Schulen n i c h t zu einer großen Konfession fügen, wie es Weinkauff für die Arbeit des Bundesgerichtshofs annahm (s.o. I.).[484]

---

481 Auf die Problematiken, die mit einer solchen Vielstimmigkeit einhergehen, weist *Herdegen* 2007, S. 142f. hin, in Teilen a.A. *Kluth* 2007, S. 535ff.

482 Dass die Menschenrechtsidee grundsätzlich aus, wenn auch sich stark unterscheidenden, Naturrechtserwägungen Entwicklung fand, stellt *Starck* 2004, S. 553ff. dar. Dies war in den Verhandlungen auch präsent (dazu auch *Kirste* 2012, § 204, Rn. 33). Dies steht einer positivistischen Auffassung nicht entgegen (siehe dazu auch II.1.d.).

483 *Starck* 2004, S. 553ff.

484 Das BVerfG kommt 1957 im Kontext des Elternrechts – nicht in Rückbezug auf den Parlamentarischen Rat – zu einem ähnlichen Schluss: „Die verfassungsrechtliche Prüfung an diesen Vorstellungen zu orientieren, verbietet sich jedoch schon durch die Vielfalt der Naturrechtslehren, die zutage tritt, sobald der Bereich fundamentaler Rechtsgrundsätze verlassen wird, und die sich vor allem bei der Erörterung der innerhalb der naturrechtlichen Diskussion selbst sehr bestrittenen Fragen des Verhältnisses ‚Naturrecht und Geschichtlichkeit', ‚Naturrecht und positives Recht' zeigt. Für die hier vorzunehmende Prüfung kommt daher als Maßstab nur das Grundgesetz in Betracht." (*BVerfGE* 10, 59 (81)).

Die augenscheinlich stärkste naturrechtliche Strömung war die christliche, jedoch fand diese ebenso keine Mehrheit. Dieses nur mitunter sehr knappe Unterliegen der Vertreter eines christlichen Naturrechtsansatzes mag auch deren späteres Verfechten der naturrechtlichen Ausbruchsmöglichkeiten der Grundrechtsnormen erklären, gar das explizite Herauslesen von christlichem Naturecht aus dem Grundgesetz.[485]

Es ist deshalb beim Umgang mit dem Grundgesetz lediglich auf das zurückzugreifen, was tatsächlich durch Kompromiss Eingang in die einzelnen Artikel gefunden hat, in seiner Natur als Ergebnis eines Kompromisses. Was in den Grundrechtsartikeln Festschreibung fand, ist also ein gewisser gemeinsamer Mindeststandard.[486]

3. Ausblick

a. Verfassungsentwicklung

Bereits in der Hinführung konnte aufgezeigt werden, dass die deutschen Höchstgerichte zumindest in der Frühphase der Bundesrepublik auf Naturrecht zurückgegriffen haben. Es gilt in folgenden Arbeiten zu prüfen, welche Wirkung die Grundgesetzartikel unter dieser Prämisse entfalten dürfen, wie weit ihr Schutzbereich reicht und wie die unter dem Rekurs auf Naturrecht getroffenen Urteile und deren Wirkung zu werten sind. Hat sich das Grundgesetz in seiner Ausgestaltung, in der frühen Phase der Bundesrepublik, legitimerweise zur Geltung naturrechtlicher Erwägungen entwickelt[487] oder haben die Richter den im Grundgesetz gesetzten Rahmen überschritten?

---

485 Es sei an dieser Stelle als Beispiel nicht der häufig genannte Art. 1 GG (z.B. auch bei *Robbers* 2007, S 37) angeführt, sondern Art. 2 GG und das Sittengesetz. Zu dessen christlicher Lese- und Auslegungsweise, die u.a. auch vom vormals Abgeordneten des Parlamentarisch Rates Süsterhenn vertreten wurde, siehe z.B. *Sprenger* 2005, S. 401ff. Ein früheres Beispiel stellen die Ausführungen von Ernst von Hippel 1969 in seinem Werk „Elemente des Naturrechts. Eine Einführung" (insb. *Hippel* 1969, S. 114ff.) dar.

486 Es mag hier eine Parallele zum Entstehungsprozess der Allgemeinen Menschenrechtserklärung der Vereinten Nationen von 1948 zu erkennen sein, die zur Überraschung der Mitglieder und unter der Prämisse, ohne konkrete Fundierung auszukommen zwischen Verhandelnden unterschiedlicher ideologischer Heimat zustande kam (dazu z.B. *Kirchhof* 2012, S. 44). *Lohmann/Gosepath* 1998, S. 7 nennen die Erklärung einen glücklichen Kompromiss.

487 In diese Richtung könnte man z.B. *Maier* 1993, insb. S. 46 lesen. Dass es grundsätzlich Entwicklungen im Verfassungsverständnis gegeben hat, ist unstrittig. Solche Entwicklungen waren bereits in der Frühphase der Bundesrepublik gegeben, exemplarisch sei die Grundrechtseinwirkung in das Privatrecht genannt: Noch 1956 versucht Dürig, „[...] die Reserviertheit fast aller Verfassungsrechtslehrergegenüber den neuen Thesen [...]" (*Dürig*

Und welche weitergehende Wirkung entfalteten diese Urteile? Daneben gilt es zu fragen: Welche Relevanz entfalten die im Rahmen des Grundgesetzes naturrechtsbejahenden Rechtswissenschaftler derzeit in der deutschen Rechtswissenschaft?

b. Der Parlamentarische Rat und die Öffentlichkeit

Im zweiten Kapitel der vorliegenden Arbeit zog der Autor die derzeitige Rezeption des Verhältnisses von Parlamentarischem Rat und Öffentlichkeit in Zweifel (s.o. II.1.c.). Herauszuarbeiten ist in einer weiteren Auseinandersetzung, wie der Parlamentarische Rat zur Öffentlichkeit und damit einhergehend zur Presse stand, wie er mit aus der Öffentlichkeit auf ihn gerichteten Äußerungen umging und inwieweit diese eine tatsächliche Einwirkung entfalten konnten.

c. Homogenisierung der Fachausschussarbeiten

Eine weitere Untersuchung könnte sich zudem mit der Frage auseinandersetzen, inwieweit die Fachausschüsse verschiedene inhaltliche Grundgedanken und Herangehensweisen aufwiesen und inwieweit diese durch die Arbeit des Hauptausschusses wie vorgesehen Harmonisierung fanden (s.o. IV.1.) oder ob sich schließlich kleinere Dissonanzen erhalten haben.[488]

1956, S. 166; Hervorhebung im Original) zu erklären und erkennt dabei „[...] daß unsere Verfassungstexte (wirklichkeitsfern und deshalb viel beklagt [sic!]) im Wesentlichen auf der überkommenen individualistischen Antithese „Individuum-Staat" verharren [...]." (*Dürig* 1956, S. 166). Am Rande sei zudem bemerkt, dass diese sehr frühe Skepsis gegenüber dem Verfassungswerk auch weiter prominente Verfechter fand (siehe dazu bspw. Darstellung *Stern* 1971, S. 393f. für die direkte Folgezeit). Es gilt die „mehr oder wenige ‚stillen' Wandlungen des Grundgesetzes" (*Würtenberger* 1997, S.127), aber auch die Rezeption in einer umfassenden, staatswissenschaftlichen Verfassungsgeschichte (im Sinne a.a.O., S.127ff. mit Berücksichtigung der Erwägungen *Schneiders* 1997, S. 903ff.) aufzuarbeiten, die nicht nur in diese Richtung erhellend wirken würde.

488 Wenn man z.B. in Betracht zieht, welche inhaltsstarke Vorarbeit durch den Grundsatzausschuss an den Hauptausschuss geliefert wurde und hierbei den Umstand berücksichtigt, dass insbesondere im Bereich der Grundrechte durch den Grundsatzausschuss negative Freiheiten und ihre Schranken geschaffen werden sollten und dass diese durch die Sozialentscheidung des Grundgesetzes aus Art. 20 und 28 GG Umdeutung erfahren haben sollen, so muss diese Umdeutung als mehrheitlich nicht intendierte Wirkung der Mitglieder des Grundsatzausschusses eingeordnet werden (s.o. u.a. III.2.b. Fn. 204; *Dürig* 1956, S. 167). Die Wirkung der Grundrechte als sozialgebundene Freiheiten entsteht dann erst durch die Entitätswirkung des Grundgesetzes.

Anhang 1: Kurzbiographien der ständigen Mitglieder des Grundsatzausschusses

a. Mitglieder aus der CDU/CSU-Fraktion[489]

(1) Hermann Hans[490] von Mangoldt (* 18. November 1895 in Aachen; † 24. Februar 1953 in Kiel; evangelisch; CDU), der Sohn des Professors für Mathematik Hans von Mangoldt[491] und Gertrud Sauppe[492], wuchs in Aachen und Danzig auf und legte 1914 die Reifeprüfung ab. Er nahm am ersten Weltkrieg teil, zuletzt als Kommandant eines Torpedobootes. Anschließend studierte er ab 1919 zwei Semester Schiffsbauingenieurswesen an der TH Danzig, an der auch sein Vater als Professor tätig war. Ebenfalls 1919 trat er in die Haff- und Flussflottille des ostpreußischen Freiwilligenkorps ein und wurde im Oktober 1919 in den Reichswasserschutz übernommen, bei dem er als Personal- und Polizeireferent tätig war. Diese Stellung brachte ihn zum rechtswissenschaftlichen Studium, das er 1922 an der Universität in Königsberg aufnahm. Seine Dissertation „Grundprobleme des deutschen öffentlichen Binnenschiffahrtsrechtes" von 1928 erscheint für die vorliegende Arbeit weniger interessant. Anders verhält es sich mit seiner Habilitationsschrift von 1931. Sie behandelt „Geschriebene Verfassung und Rechtssicherheit in den Vereinigten Staaten von Amerika".[493] Eine vertiefende Schrift „Rechtsstaatsgedanke und Regierungs-

489 Zur Fraktionsbildung stellt *Feldkamp* 1997b, S. VIII fest: „Es ist allgemeine parlamentarische Gepflogenheit, daß sich Fraktionen bilden, die in der Regel aus Mitgliedern einer Partei bestehen." Für die CDU und die CSU stellt er fest, dass die bereits im Wirtschaftsrat geschlossene gemeinsame Fraktion auch im Parlamentarischen Rat wieder als solche auftrat (a.a.O.). Dieser Zustand erscheint bei der heutigen Normalität dieser Verbindung kaum erwähnenswert, in dieser frühen Zeit der beiden Parteien war dies allerdings noch keine Selbstverständlichkeit. Siehe zur Auseinandersetzung zu Fraktionen und ihren Rechten auch die Diskussion im Geschäftsordnungsausschuss (*AD ParlR*, X. Teil B Nr. 1, S. 113ff.).

490 Siehe Eintrag im Kieler Gelehrtenverzeichnis (http://www.gelehrtenverzeichnis.de/person/56474673-0ec3-4cc1-a4d3-a5fcb0562942; abgerufen am 20. Oktober 2015).

491 Hans Karl Friedrich von Mangoldt (* 18. Mai 1854 in Weimar; † 27. Oktober 1925 in Danzig-Langfuhr) Mathematiker und königlich preußischer Geheimer Regierungsrat, 1919 war er Präsident der Deutschen Mathematiker-Vereinigung, Entwickler der „von-Mangoldt-Funktion" (insb. *Fritsch* 1990, S. 31f.); der Großvater Hans Carl Emil von Mangoldt war Nationalökonom an der Universität Freiburg im Breisgau (*Vosgerau* 2008, S. 273).

492 *Vosgerau* 2008, S. 273; Tochter eines Göttinger Altphilologen.

493 *Pikart/Werner* 1993, S. XI; *Wolfrum* 1990, S. 32.

formen in den Vereinigten Staaten von Amerika. Die geistigen Grundlagen des amerikanischen Verfassungsrechts“ erschien 1938. In den Schriften machte er auf den dortigen Vorrang der Verfassung vor dem einfachen Recht und anderen rechtsstaatlichen Formen aufmerksam, die zu dieser Zeit in Deutschland nicht gepflegt wurde.[494]

Ab 1935 als Professor an verschiedenen deutschen Universitäten[495] tätig, nahm er zeitweilig am Zweiten Weltkrieg als Korvettenkapitän teil, wurde dort aber 1944 aus gesundheitlichen Gründen entlassen. Zur Frage wie er dem Nationalsozialismus gegenüberstand, charakterisiert Vosgerau die Haltung von Mangoldts in seinem Portrait wie folgt: „Dem aufkommenden Nationalsozialismus stand er schon wegen seines liberalen Rechtsstaatsbewusstseins und seiner bereits in der Habilitationsschrift zum Ausdruck gekommenen Bewunderung für das US-amerikanische Verfassungsrecht von Anfang an kritisch gegenüber, ohne freilich eine ‚widerständige‘ Tendenz offen zur Schau zu tragen; schließlich will er berufen werden.“[496] Seine Habilitationsschrift und die zum Ausdruck gekommene Bewunderung ist für Günther auch der Grund seines schnellen Aufstieges nach Ende des Krieges.[497]

Bereits Ende 1945 wirkte von Mangoldt an der Wiedererrichtung der Universität in Kiel mit, war stellvertretendes Mitglied des Landtags in Schleswig-Holstein und 1946/1947 Innenminister des Landes.[498] 1947 legte von Mangoldt die Schrift

---

494 *Starck* 1996, S. 440.

495 Ab 1935 war er als außerplanmäßiger Professor an der Universität Königsberg, dann ab 1936 zunächst als außerordentlicher und ab 1939 als ordentlicher Professor des Öffentlichen Rechts an der Universität Tübingen tätig. 1941 nahm er einen Ruf nach Jena, 1943 die Berufung an die Universität Kiel an (*Wolfrum* 1990, S. 32).

496 *Vosgerau* 2008, S. 274; für ihn entlastend gewertet werden kann die kritische Aufnahme seiner Habilitationsschrift in der Literatur, die Feststellung im Tübinger Berufungsverfahren, dass er kein ausgesprochener Nationalsozialist sei oder seine Verweigerung juristische Schriften zu veröffentlichen. Allerdings muss sein freiwilliger Beitritt in den Bund nationalsozialistischer deutscher Juristen (später dann auch Beitritt in den Bund Nationalsozialistischer Rechtswahrer) sowie die Charakterisierung als begeisterter Marineoffizier, in die Betrachtung mit einbezogen werden, ebenso wie seine Schrift „Völkerrechtliche Grundlagen für die Verfolgung von Kriegsverbrechen“ von 1944/1945, in der er – übereinstimmend mit der nationalsozialistischen Lehre – die Ansicht vertrat, es könnten nur Kriegsverbrechen im engeren Sinne geahndet werden, nicht aber zum Beispiel Verbrechen gegen die Menschlichkeit (siehe dazu auch *Vosgerau* 2008, S. 275ff.; belastend *Keller* 2015, S. 141ff.). Der Autor verzichtet an dieser Stelle auf eine abschließende Einschätzung.

497 *Günther* 2004, S. 59.

498 *Pikart/Werner* 1993, S. XI; *Wolfrum* 1990, S. 32.

„Grundsätzliches zum Neuaufbau einer deutschen Staatsgewalt“ vor, die sich allerdings – dem Titel entsprechend – mehr mit dem Weg zu einer neuen Staatsgewalt befasste, als mit dem Inhalt einer Verfassung.[499]

Von Mangoldt – der Hochschullehrer aus einer Gelehrtenfamilie und zweimalige Kriegsteilnehmer – wurde in seiner Funktion als Vorsitzender des Ausschusses als souveräner Gesprächsleiter beschrieben, der es insbesondere verstand, die Gespräche zu lenken. Als einer der zentralen Köpfe des Ausschusses gehörte er zu den Mitgliedern, die maßgeblich zu der als akademisch beschriebenen Atmosphäre beitrugen.[500] Sein Einfluss auf die Grundrechtsgestaltung der Bundesrepublik Deutschland wird retrospektiv sehr hoch – gar als bedeutendster – eingeschätzt.[501]

(2) Karl Sigmund Mayr (* 3. Mai 1906 in Nürnberg; † 19. Juli 1978 in Fürth; evangelisch; CSU), wuchs in Nürnberg auf, studierte an der Handelshochschule in Nürnberg sowie zeitweise an der Universität in Tübingen. Nach dem Abschluss als Diplom-Volkswirt 1932 war er als Steuerberater tätig. Er nahm von 1940 bis 1945 als Wehrmachtssoldat am Krieg teil, geriet kurz in Kriegsgefangenschaft, war allerdings bereits 1946 wieder im Fränkischen und wurde bereits in diesem Jahr Mitglied der CSU.[502]

Für die Betrachtungen dieser Arbeit von Bedeutung könnte der Umstand sein, dass Mayr streng evangelisch erzogen und sozialisiert wurde.[503] Allerdings ist er in toto als in den im Fokus stehenden Diskussionen unbedeutend einzuordnen. Schließlich

---

499 *von Mangoldt* 1947, auf S. 16 lässt von Mangoldt Rückschlüsse auf den Inhalt einer neuen Verfassung zu: „Ob das Verfassungsleben selbst sich tatsächlich im Sinne eines echten Rechtstaates entwickelt, in dem die Freiheit des Einzelnen und die wahre Menschenwürde verbürgt sind, wird von dem Gebrauch abhängen, den jeder einzelne von dem ihm vom Staate gewährten Befugnisse und Freiheiten macht.“ Naturrechtliche Erwägungen seitens von Mangoldts sind in der Schrift nicht zu erkennen, auch verweist er darauf, dass für eine endgültige Verfassungsgebung die Zeit noch nicht gekommen sei (a.a.O., S. 15) sowie dass es wichtig sei, dass man aus den Missständen der Vergangenheit lerne (a.a.O., S. 16). Ebenfalls keine naturrechtlichen Erwägungen finden sich in einem Beitrag zur „Verfassungsarbeit“ des Parlamentarischen Rates in der DÖV aus dem November 1948 (*von Mangoldt* 1948, 51ff.). Auch die Erwägungen in seiner Abhandlung zu den Kriegsverbrechen deuten nicht in eine solche Richtung.

500 *Pikart/Werner* 1993, XXIff.

501 Dazu *Vosgerau* 2008, S. 272; beispielhaft für die Dominanz von Mangoldts bei der inhaltlichen Arbeit kann die Stelle *AD ParlR*, V. Nr. 34, S. 772 angeführt werden.

502 *Pikart/Werner* 1993, S. XII; *Crämer/Lindsay* 2008, S. 283ff.

503 *Crämer/Lindsay* 2008, S. 283 beschreiben „In seiner Jugend wurde der fest in der evangelisch-lutherischen Kirche verankerte Mayr durch die Arbeit im Bibelkreis geprägt.“

gewinnt er jedoch an Bedeutung, als einer von zwei CSU-Abgeordneten, die dem Grundgesetz am Ende im Mai 1949 zustimmen.[504]

(3) Franz Anton Pfeiffer (* 7. April 1888 in Rheinzabern; † 20. Juli 1957 in München; katholisch; CSU) wuchs in einem katholischen Elternhaus auf, erlangte 1907 das Abitur und ging an die Universität München, an der er Philologie, Philosophie und Volkswirtschaftslehre studierte. 1912 folgte das Staatsexamen, 1913 die Promotion mit einer Dissertation über die literarischen Beziehungen zwischen Lord Byrons „Don Juan" und Thomas Hopes „Anastasius", die augenscheinlich keine naturrechtlichen Bezüge aufweist. Erwähnenswert ist zudem, dass Pfeiffer während seines Studiums auch Vorlesungen zum Verfassungsrecht hörte. Nach Lehrtätigkeit und politischer Tätigkeit in der BVP, wurde Pfeiffer nach der Machtergreifung der Nationalsozialisten 1933 in Stadelheim bis zur Auflösung der BVP interniert. Nach seiner Freilassung und Strafversetzung war er auch während des Krieges als Lehrer tätig.[505] Nach dem Krieg gehörte Pfeiffer zu den Gründern der CSU, wurde noch im Sommer 1945 mit der Leitung der Staatskanzlei betraut und war kurzzeitig 1946 der für Entnazifizierung zuständige Minister für Sonderaufgaben in Bayern. Er war einer der wortführenden Mitglieder im Ellwanger Kreis, der sich im Kontext der Verfassungsgebung für den Föderalismus einsetzte.[506]

Interessant ist für die Rolle Pfeifers im Entstehungsprozesses des Grundgesetztes, respektive für seine Prioritätenordnung zu erwähnen: Obwohl Mitglied des Grundsatzausschusses, erwähnte Pfeiffer die Arbeit an den Grundrechten in seinem Artikel für die DÖV „Vom Werden einer Verfassung" im November 1948 mit keinem Wort.[507]

(4) Josef Schrage (* 6. Mai 1881 in Olpe; † 27. November 1953 ebenda; katholisch; CDU) besuchte lediglich die Volksschule und war stark katholisch sozialisiert. Ab 1895 wurde er als Arbeiter in der Metallindustrie tätig, dann ab 1917 als

---

504 *AD ParlR*, IX. Nr. 10, S. 617.

505 *Pikart/Werner* 1993, XII; *Reuter-Boysen* 2001, S. 314f.; *Schlemmer* 2008, S. 289ff.; trotz seiner Internierung 1933 und der Schikanen nach seiner Freilassung (so musste er zum Beispiel sein Amerikanisches Institut schließen) lastete ihm der Umstand an, dass er 1932 eine Koalition der BVP mit der NSDAP befürwortete (dazu *Schlemmer* 2008, S. 291).

506 *Schlemmer* 1989, S. 289ff.

507 *Pfeiffer* 1948, S. 49ff.

hauptamtlicher Gewerkschaftssekretär des Christlichen Metallarbeiterverbandes. In den 1920er-Jahren trat er zudem als Lokalpolitiker[508] in Erscheinung. Er wurde Leiter des Arbeitsamtes in Olpe und im Zuge der Machtergreifung der Nationalsozialisten aus dem öffentlichen Dienst entlassen. Es folgte eine Zeit finanziellen Notstandes, bevor er über Verbindungen des katholischen Milieus bei einem Verlag unterkam. Nach dem Krieg wurde er 1945 zunächst Bürgermeister von Olpe, dann 1947 Landrat des Kreises Olpe.[509]

Von Bedeutung für diese Arbeit könnte seine starke katholische Verwurzelung sein. Das Urteil Tischners über Schrage klassifiziert ihn jedoch als eines der schwächsten Mitglieder des Ausschusses: „Schrage war ein Regional-, maximal noch Landespolitiker, der von seiner biographischen Prägung und seinem politischen Werdegang her kaum für eine gesetzgebende Versammlung geeignet war, die die Fundamente der bundesdeutschen Nachkriegsdemokratie legen sollte.“[510]

(5) Helene Weber (* 17. März 1881 in Elberfeld (Wuppertal); † 25. Juli 1962 in Bonn; katholisch; CDU) wuchs nach dem frühen Tod der Mutter beim alleinerziehenden Vater, einem Volksschullehrer, auf. Nach dem Besuch des Lyzeums folgte von 1897 bis 1900 die Ausbildung am Lehrerinnenseminar in Aachen. Nach kurzer Betätigung als Volksschullehrerin, nutzte sie die Gelegenheit, dass nun auch Frauen zum Studium zugelassen wurden und studierte als einer der ersten Frauen Geschichte, Romanistik und Sozialpolitik von 1905 bis zum Staatsexamen 1909[511] in Bonn und Grenoble und wurde Lehrerin an höheren Schulen. Sie engagierte sich bereits seit ihrer Volksschullehrerzeit im katholischen Milieu, so trug sie unter anderem Anfang des 20. Jahrhunderts stark zur Organisation katholischer Frauen bei. Sie hatte diverse Vorsitze bei Vereinen und Organisationen dieses Milieus inne und gründete 1916 die soziale Frauenschule in Köln. Sie saß von 1921 bis 1924 im Preußischen

508 Schrage war 1919 Mitglied der Stadtverordnetenversammlung in Olpe, dann Vorsitzender der Zentrumsfraktion, engagierte sich auf Kreis- und Bezirksebene und saß schließlich seit 1921 auch im Provinziallandtag in Münster. Tischner nennt dies die typischen Stationen einer Lokalpolitikerkarriere (*Tischner* 2008a, S. 316).

509 *Pikart/Werner* 1993, S. XII; *Tischner* 2008a, S. 314ff.; er soll auch Verbindungen zum Widerstand gegen die Nationalsozialisten gehabt haben.

510 *Tischner* 2008a, S. 314.

511 *Tischner* 2008b, S. 375 merkt an: „[Weber muss] außerordentliche Leistungen erbracht haben, denn sie konnte ein Staatsexamen ablegen: Viele Professoren weigerten sich noch bis in die zwanziger Jahre hinein, Frauen trotz eines regulären Studiums zu Prüfungen zuzulassen.“

Landtag, danach bis 1933 im Reichstag. Bereits 1920 wurde sie eine der ersten Ministerialrätinnen, im vom Zentrum dominierten Ministerium für Volkswohlfahrt. 1930 erhielt sie die Ehrendoktorwürde (Dr. rer. pol. h.c.) der Universität Münster. Nachdem sie durch die neuen Machthaber 1933 fristlos entlassen wurde, war sie bis Kriegsende in der katholischen Fürsorge tätig. Nach Kriegsende war sie ab 1946 Mitglied des Landtages in Düsseldorf und des Zonenbeirats der Britischen Zone.

Auf Betreiben Konrad Adenauers wurde sie eines der wenigen weiblichen Mitglieder[512] des Parlamentarischen Rates. Sie war eine parlamentarisch erfahrene Politikerin und galt als Verfechterin der Interessen der katholischen Kirche.[513] Allerdings – auch wenn sie sich regelmäßig zu diversen Themen äußerte und kommentierte – kann sie nicht zum Kreis der lenkenden Wortführer gerechnet werden.

b. *Mitglieder aus der SPD-Fraktion*

(1) Ludwig Bergsträsser (* 23. Februar 1883 in Altkirch im Elsass; † 23. März 1960 in Darmstadt; evangelisch) war das einzige Mitglied des Grundsatzausschusses, das keine Sitzung verpasste.[514] Er besuchte das Gymnasium in Colmar und absolvierte ein Studium der Geschichte an den Universitäten in Heidelberg, München, Leipzig und Paris. Während seines Studiums war er insbesondere liberal ausgerichtet, was mitunter diverse in diese Richtung weisenden Mitgliedschaften belegen. Seine Promotion zum Dr. phil. erfolgte 1906 in Heidelberg. Die Habilitation erlangte er 1910 an der Universität Greifwald, an der er als Privatdozent tätig war. Da er nicht felddiensttauglich war, konnte er neben der Tätigkeit in der Verwaltung für die besetzten Ostgebiete weiter an seiner universitären Karriere[515] arbeiten, die ihn zwischenzeitlich zur Professur führte. Seine wissenschaftlichen Schwerpunkte lagen im Bereich der Ära der Paulskirche, der dort ausgearbeiteten Verfassung und Parteiengeschichte. 1919 trat er der DDP bei und wurde kurz darauf, 1920, Archivrat in Potsdam und 1923 dann zum Oberarchivrat befördert; daneben betätigte er sich unter

---

512 *Tischner* 2008b, S. 379 nennt Weber eine „geborene Kandidatin" und erklärt: „Als ehemaliges Mitglied der Nationalversammlung und eine der wenigen Frauen mit entsprechender politischer Erfahrung konnte die Union eigentlich nicht auf sie verzichten."

513 *Pikart/Werner* 1993, S. XIII; *Tischner* 2008b, S. 374ff.

514 Siehe u.a. Übersicht *Pikart/Werner* 1993, S. XVIII.

515 Er war ab 1916 außerplanmäßiger Professor in Greifswald, dann von 1918 bis 1920 Professor an der TH Charlottenburg. (*Pikart/Werner* 1993, S. XIII; *Lange* 2008e).

anderem akademisch[516]. Nachdem sich die DDP in den 1930er-Jahren umorientierte, trat Bergsträsser zur SPD über. 1933 wurde er im Zuge der Machtergreifung der Nationalsozialisten aus sämtlichen Ämtern entlassen und es wurde ihm sein Hochschullehrerstatus aberkannt. Von 1936 bis 1939 war er an zu dieser Zeit illegalen Tätigkeiten, unter anderen in Verbindung mit Wilhelm Leuschner und dessen Kreis, beteiligt. Nach Kriegsende 1945 wurde er zum Honorarprofessor für Politik an der Universität Frankfurt am Main ernannt und zudem am 21. April 1945 durch die amerikanische Militärregierung als Präsident der Provinz Starkenburg eingesetzt, dann Ende Juni 1945 für Oberhessen und schlussendlich im August 1945 für den ganzen Volksstaat Hessen. Von 1946 bis 1948 war er dann Regierungspräsident in Darmstadt. Er war zudem an der Ausarbeitung der Verfassung Hessens beteiligt.[517]

Bergsträsser verfügte über Wissen zu und hatte Erfahrung mit der Verfassungsarbeit. Es überrascht daher nicht, dass er im Grundsatzausschuss eine herausgehobene Stellung einnahm, als Berichterstatter und als Diskutant.

(2) Friederike „Frieda" Nadig (* 11. Dezember 1897 in Herford; † 14. August 1970 ebenda; evangelisch), aus einem einfachen sozialdemokratischen Elternhaus stammend, gilt neben der oben vorgestellten Abgeordneten Weber als eine der Mütter des Grundgesetzes. Die politisch und frauenrechtlich engagierte Nadig absolvierte von 1912 bis 1914 eine kaufmännische Ausbildung, trat 1913 in die sozialistische Arbeiterbewegung, dann 1914 in die Sozialistische Angestelltengewerkschaft und schließlich 1916 in die SPD ein. 1920 gab sie ihre Stellung als Verkäuferin auf und ging an die Soziale Frauenschule Berlin-Schöneberg, an der sie – ohne fremde finanzielle Unterstützung – 1922 das Staatsexamen als Wohlfahrtspflegerin ablegte. Hiernach ging sie nach Bielefeld. Dort war sie als Jugendfürsorgerin tätig, bis sie 1933 entlassen wurde. In diesem Zeitraum, von 1929/30 bis 1933 war sie Mitglied im Westfälischen Provinziallandtag. Den Krieg verlebte sie als Fürsorgerin. Nach

516 Von 1924 bis 1927 war er Verfasser außenpolitischer Leitartikel des demokratischen Zeitungsdienstes und ab 1928 zudem Dozent für Politik an der Universität Frankfurt am Main (u.a. *Lange* 2008e).

517 *Pikart/Werner* 1993, S. XIII; *Lange* 2008e; *Notz/Wickert* 2009, S. 65; *Hessische Biographie* 2014.

Kriegsende baute sie die örtliche SPD in Bielefeld mit auf, wurde 1946 Geschäftsführerin der Arbeiterwohlfahrt Ostwestfalen und Mitglied im Zonenbeirat sowie 1947 Mitglied des Landtages von Nordrhein-Westfalen.

Nadig war politisch und parlamentarisch mit Erfahrung ausgestattet. Auch sie gehörte zu den stilleren Mitgliedern des Grundsatzausschusses. Ihre zentralen Anliegen sind in den sozialen Belangen und im Bereich der Gleichberechtigung von Mann und Frau auszumachen.[518]

(3) Charles/Karl „Carlo" Schmid (* 3. Dezember 1896 in Perpignan, Languedoc-Roussillon, Frankreich; † 11. Dezember 1979 in Bad Honnef; katholisch) ging nach absolviertem Abitur im Sommer 1914 als Kriegsfreiwilliger in den Ersten Weltkrieg. Es folgte ab 1919 ein Studium der Rechte an der Universität Tübingen, dann 1923 die Promotion zum Dr. iur. mit der arbeitsrechtlichen Dissertation über „Die Rechtsnatur der Betriebsvertretungen nach dem Betriebsrätegesetz" an der Universität Frankfurt am Main. Nach diversen Stationen[519] als Jurist, insbesondere im öffentlichen Dienst, erfolgte 1929/30 an der Universität Tübingen seine Habilitation mit der Habilitationsschrift „Die Rechtsprechung des Ständigen Internationalen Gerichtshofes in Rechtssätzen dargestellt", jedoch wurde seine universitäre Karriere, die er nun als Privatdozent beabsichtigte, durch die Nationalsozialisten verhindert. 1940 wurde er Kriegsverwaltungsrat bei der Oberfeldkommandantur in Lille. 1941 knüpfte er Kontakt zu Graf von Moltke und dem deutschen Widerstand.

Bereits kurz nach Kriegsende im Juni 1945 erfolgte die Ernennung zum außerplanmäßigen, dann im April 1946 die Ernennung zum ordentlichen Professor für Völkerrecht an der Universität Tübingen. 1945 wurde er von der französischen Besatzungsmacht mit dem Amt des Regierungschefs in Württemberg-Hohenzollern und der Leitung der Landesdirektion für Justiz und für Kult, Erziehung und Kunst betraut. Er gilt als geistiger Vater der Verfassung von Württemberg-Hohenzollern. Trotz der Wahlniederlage 1947 blieb er Landesdirektor für Justiz. Auch er gilt – neben z.B.

518 *Notz/Wickert* 2009, S. 80; *Lange* 2008a; *Pikart/Werner* 1993, S. XIV.

519 1924 Rechtsanwalt, 1927 Amtsrichter in Tübingen, 1931 Landgerichtsrat. 1927/28 Referent am Kaiser-Wilhelm-Institut für ausländisches öffentliches Recht und Völkerrecht in Berlin (Bemühungen um Befreiung vom Versailler Vertrag), 1927 bis 1929 assistierte er bei den Verhandlungen vor dem Deutsch-Polnischen Schiedsgericht (*Weber* 2007, S. 151).

von Mangoldt – als einer der wirkungsmächtigeren Väter des Grundgesetzes und einer derer, die zur akademischen Atmosphäre beitrugen.[520]

Zu seiner Mission zählte die Etablierung von verfassungsrechtlichen Grundlagen für die deutsche Wiedervereinigung und die europäische Integration der Bundesrepublik sowie eine stabile parlamentarische Demokratie.[521] Schmid, der auch bereits am Verfassungskonvent auf Herrenchiemsee teilgenommen hatte, galt als einer der Verfassungsexperten der SPD im Parlamentarischen Rat.[522] Auch deshalb war das Zugeständnis der CDU in Württemberg-Hohenzollern, das seine Entsendung ermöglichte, so wertvoll (s.o. II.2.).

1946 veröffentlichte Schmid einen Band mit dem Titel „Die Forderung des Tages“, eine Sammlung von 1945/1946 gehaltenen Reden und Aufsätzen. In diesen Reden spielen Würde, Sittengesetze, menschliche und göttliche Gebote zwar eine Rolle und deren Missachtung in der Zeit des Nationalsozialismus wurde durch Schmid gerügt, gar als eine Quelle der Verbrechen ausgemacht, allerdings postulierte er in diesem Werk keine unmittelbare, vorstaatliche Geltung von Menschen und Grundrechten.[523]

Am Rande sei bemerkt: Er gehörte zu den wenigen Professoren, die später von der amerikanischen Besatzungsmacht bei der Etablierung der Politikwissenschaften einen solchen Lehrstuhl zugesprochen bekamen – gerade als Demokratiewissenschaften.[524]

(4) Hans Wunderlich (* 18. Juni 1899 in München; † 26. Dezember 1977 in Osnabrück; katholisch) besuchte in München zunächst die Oberrealschule bevor er 1917 als Kriegsfreiwilliger in den Ersten Weltkrieg zog. Anschließend war er jour-

520 An dieser Stelle sei auf die „Parlamentarische Elegie“ hingewiesen, die Schmid, die Arbeit im Parlamentarischen Rat illustrierend, verfasste und die z.B. bei *Straetling* 1989, S. 15ff. erschienen ist.

521 *Weber* 2007, S. 151f.; *Pikart/Werner*, S. XIVf.; XXIff.; *Lange* 1993, S. 38.

522 *Notz/Wickert* 2009, S. 9.

523 *Schmid* 1946, S. 31, 36, 55f., 79f., 93, 135; Schmid erklärt a.a.O., S. 65, dass es sich beim Sozialismus nicht um eine christentumfeindliche Partei handle, „[…] weil unsere Kultur christlich bestimmt ist.“ (a.a.O.) Weiter erklärt er in diesem Band, in einer Anweisung für Lehrer, dass es eine christliche, humanistisch-abendländische Wirklichkeit gäbe, ergänzt um die Wirklichkeit des Kampfes, um die Würde eines freien Wesens, die den Schülern vermittelt werden müsse (a.a.O., S. 101f.).

524 *Günther* 2004, S. 62.

nalistisch im Raum Einbeck-Osnabrück tätig, so hauptsächlich bei SPD-Presseorganen.[525] Er war der Partei 1920 beigetreten. Nach der Machtergreifung der Nationalsozialisten war er zunächst als Gartenbauer angestellt und dann ab 1934 selbständiger Obstanbauer. 1940 wurde er für neun Monate zum Kriegsdienst herangezogen, dann in der Kommunalverwaltung eingesetzt. 1944 wurde er im Kontext des Attentats vom 20. Juli vorübergehend interniert. Nach dem Krieg war der Sozialdemokrat als solcher wieder journalistisch[526] tätig.[527]

Wunderlich, der, wie viele andere Abgeordneten seiner Partei über einen bewegten Lebensweg verfügte, gehörte zu den stilleren Mitgliedern, obwohl er die Grundrechte vom Grundsatz- über den Hauptausschuss bis ins Plenum begleitete.

(5) Georg(-)August Zinn[528] (* 27. Mai 1901 in Frankfurt am Main; † 27. März 1976 ebenda; evangelisch) stammte aus einem nationalliberal eingestellten Elternhaus aus Frankfurt-Sachsenhausen. Nach dem frühen Tod seines Vaters war die Familie vor finanzielle Herausforderungen gestellt. Wie Axel Ulrich schreibt, erlebte sie „bittere Not".[529] So wechselte er in seiner Jugend häufig seine Schulorte[530] und legte das Abitur schließlich in Kassel ab. Dort absolvierte er direkt im Anschluss eine Ausbildung zum Kommunalbeamten, auf die ein selbstfinanziertes Jurastudium in Göttingen und Berlin von 1923 bis 1927 folgte. Nachdem er wieder nach Kassel zurückgekehrt war, absolvierte er dort sein Gerichtsreferendariat und ließ sich 1931

525 So war er 1920 Redaktionsvolontär beim „Einbecker Tagblatt", ab 1921 bei der „Einbecker Volkstimme", dann ab 1924 bei der Zeitung „Freie Presse" in Osnabrück und von 1928 bis 1933 freiberuflich tätig (*Lange* 2008b).

526 1946 Redakteur einer Zeitung der Militärregierung, dann 1947 Herausgeber der Nordwestdeutschen Rundschau (*Pikart/Werner* 1993, S. XV).

527 *Notz/Wickert* 2009, S. 93; *Lange* 2008b; *Pikart/Werner* 1993, S.XV.

528 Zinn wird in der Beschreibung von *Pikart/Werner* 1993, S. XV als Dr. h.c. ausgewiesen (mit Verweis darauf auch bei *Feldkamp* 1996, S. XX, jedoch nicht mehr bei *Feldkamp* 1998, S. 198). *Renkhoff/Volk* 2013 weist ihn als Dr. phil. h.c. sowie Dr. sc. agr. E.h. aus, indes ohne Verleihungsdatum. Allerdings liegt hier vermutlich eine Ungenauigkeit seitens Pikart/Werner vor, muss die Verleihung in der Zeit nach der Teilnahme Zinns im Grundsatzausschuss liegen, in den Protokollen wird er zumindest ohne Doktorgrad ausgewiesen (siehe hierzu z.B. *AD ParlR* V. Nr. 2, S. 9; und letzte teilgenommene Sitzung des Grundsatzausschusses a.a.O., Nr. 21, S. 461). Allerdings führt ihn *Lange* 1993, S. 185 ebenfalls mit Doktorgrad, hier außerdem ohne den Zusatz h.c. Eine juristische Dissertation konnte zumindest nicht ausfindig gemacht werden. *Von Doemming/Füsslein/Matz* 1951, S. 7 führen ebenfalls keinen Doktorgrad auf.

529 *Ulrich* o.J. [Stadtlexikon Wiesbaden online https://www.wiesbaden.de/microsite/stadtlexikon/a-z/Zinn__Georg_August.php (abgerufen im Oktober 2015)].

530 Zinn besuchte Schulen in Frankfurt am Main, Bielefeld, Hamburg und Kassel (*Pikart/Werner* 1993, S. XV).

ebenfalls dort als Rechtsanwalt nieder. Bereits 1919 war er der SPD beigetreten. Als Stadtverordneter von 1929 bis 1933 in Kassel war er regelmäßig mit der NSDAP konfrontiert und geriet sich dabei mehrfach mit dem späteren Präsidenten des Volksgerichtshofs Roland Freisler aneinander. Dabei war er zwischenzeitlich kurz in Schutzhaft. So ist es nicht verwunderlich, dass der nur kurz zum Kriegsdienst herangezogene, NS-Gegner verteidigende Rechtsanwalt Zinn Repressalien der Nationalsozialisten verschiedentlicher Artung nicht entging, sondern selbst mit zu ertragen hatte. Er soll dem Widerstand angehört haben. Kurzzeitig in amerikanische Kriegsgefangenschaft geraten, wurde er schnell Landgerichtsdirektor in Kassel und bereits Oktober 1945 Justizminister in Hessen. Ab 1946 war er zudem Direktor des Landespersonalamtes, ab 1947 Vizepräsident des Frankfurter Wirtschaftsrates.[531]

Auch Zinn war ein Mitglied mit politischer Erfahrung, insbesondere auch mit unbequemeren politischen Widersachern. Er war in der Arbeit des Parlamentarischen Rates einer der präsenteren Mitglieder und nahm am Beginn der Arbeit des Grundsatzausschusses eine herausgehobene Position als Berichterstatter ein.

c. *Weitere Mitglieder*

(1) Theodor Heuss (* 31. Januar 1884 in Brackenheim; † 12. Dezember 1963 in Stuttgart; evangelisch; FDP[532]), der spätere Bundespräsident, genoss eine humanistische Schulbildung und schloss diese mit dem Abitur 1902 ab. Schon in die Schulzeit fallen erste Veröffentlichungen in Friedrich Naumanns Wochenzeitschrift „Die Hilfe". Von 1902 bis 1905 studierte er in München und Berlin Kunstgeschichte und Staatswissenschaften. Das Studium beendete er 1905 in München mit der Promotion bei Lujo Brentano mit der Dissertation „Der Weinbau und der Weingärtnerstand in Heilbronn" ab. Nach dem Studium war er in Berlin und Heilbronn journalistisch sowie in dem journalistischen Milieu nahestehenden Organisationen[533] tätig.

---

531 *Pikart/Werner* 1993, S. XV; *Lange* 2008d; *Ulrich* o.J.; *Notz/Wunderlich* 2009, S. 95.

532 Die liberalen Parteien FDP, DVP und LDP bildeten im Parlamentarischen Rat eine Fraktion (*Feldkamp* 1997b, S. VIII).

533 So z.B. ab 1905 Redaktionsmitglied bei „Die Hilfe", ab 1912 in der Chefredaktion der angesehenen demokratischen „Neckar-Zeitung", zudem ab 1913 Schriftleitung für die Zeitschrift „März"; ab 1918 bei der Zeitschrift „Deutsche Politik, Wochenschrift für Welt- und Kulturpolitik", gleichzeitig 2. Vorsitzender des „Schutzverbandes deutscher Schriftsteller" und zudem Geschäftsführer des „Deutschen Werkbundes" (*Pikart* 1972, S. 52ff.).

1919 nahm seine politische Karriere mit den ersten Mandaten ihren Lauf[534] und führte ihn schlussendlich in den Reichstag, für den er, für die linksliberale DDP, bis zur Machtergreifung der Nationalsozialisten mit kurzen Unterbrechungen ab 1924 ein Mandat besaß. Ab 1920 bis 1924 bzw. 1933 war er als Studienleiter und Dozent für Zeitgeschichte, Verfassungslehre und Parteienkunde an der Deutschen Hochschule für Politik Berlin tätig.

Heuss verfolgte bereits früh die Entwicklung der Nationalsozialisten und Hitlers (Monographie „Hitlers Weg", 1932). 1933 wurde ihm die Dozentur entzogen, er verlor sein Reichstagsmandat und musste erleben wie seine Werke öffentlich verbrannt wurden. Heuss wandte sich wieder dem Journalismus[535] zu, wobei er sich gezwungen sah, seine Artikel unter dem Pseudonym „Thomas Brackheim" zu veröffentlichen. Er siedelte von Berlin nach Heidelberg über, wodurch er der Verfolgung nach dem Attentat vom 20. Juli 1944 entging. Nach Kriegsende wurde er bereits 1945 bis zur ersten Wahl Ende 1946 Kultminister[536] in der württembergisch-badischen Landesregierung, von 1946 an war er dann württembergisch-badischer Abgeordneter. 1948 erhielt er die Ernennung zum Honorarprofessor für Geschichte und politische Wissenschaft an der TH Stuttgart.[537]

Heuss kann unstrittig auch zum Kreis der aktiven und akademisch-schöngeistig geprägten Mitglieder des Grundsatzausschusses gezählt werden. Er war ein sehr präsenter und eifrig kommentierender Teilnehmer an den Diskussionen des Parlamentarischen Rates.

(2) Wilhelm Heile (* 18. Dezember 1881 in Diepholz; † 17. August 1969 in Harpstedt; evangelisch; DP) stammte aus einem alten lutherischen Bauerngeschlecht, besuchte Gymnasien in Emden und Bremen, war zunächst im Schiffsbau tätig, studierte dann ab 1901 Schiffs-/Maschinenbau an der TH Hannover und wurde

---

534 1919 Stadtverordneter in Berlin-Schöneberg. Nach der Eingemeindung Schönebergs in Groß-Berlin Bezirksverordneter, 1929 bis 1931 Stadtverordneter in Groß-Berlin, 1924 bis 1928, 1930 bis 1932 sowie 1933 war er Mitglied des Reichstages. Parteilich war er zu dieser Zeit der DDP zugeordnet, davor kandidierte er z.B. 1912 für die liberale Fortschrittliche Volkspartei (a.a.O.).

535 Er arbeitete für diverse Zeitungen („Die Hilfe", „Frankfurter Zeitung" etc.) und veröffentlichte Bücher, hauptsächlich biographische Werke (a.a.O.).

536 Diese ungewöhnliche Bezeichnung war in Württemberg-Baden in der Nachfolge der Bezeichnung in Württemberg üblich, darüber hinaus auch in Württemberg-Hohenzollern (s.o. Anhang 1.b.(3))

537 *Pikart/Werner* 1993, S.XVI; *Pikart* 1972, S. 151ff.

dort Anführer des radikalen Flügels der Studentenvertretung, die unter anderem für die Mitbestimmung der Studierendenschaft eintrat. Heile, wie Heuss ein Anhänger Naumanns, sah sich in der Folge gezwungen, sein Studium abzubrechen und wurde publizistisch[538] und politisch[539] tätig. 1909 trat er aus der Kirche aus. Heile ging als Freiwilliger in den ersten Weltkrieg, wurde verwundet und nahm bereits kurz vor Kriegsende seine politische Tätigkeit[540] wieder auf. 1918 gehörte er zu den Begründern der Berliner Staatsbürger Schule, aus der die Hochschule für Politik hervorging und bewirtschaftete nach der Machtergreifung der Nationalsozialisten, in deren Folge er aus allen Ämtern entlassen wurde, ein Landgut in der Niederlausitz. Sein Landgut musste er schon 1936 aufgrund von Überschuldung wieder aufgeben. Er wurde Übersetzer bei der Reichsbank und ließ sich dann in Colnrade in der Grafschaft Hoya nieder. Nach Kriegsende 1945 gründete er die lokale FDP mit, wurde Landrat des Landkreises Grafschaft Hoya und stellvertretender Ministerpräsident sowie Abgeordneter des Landes Hannover, beziehungsweise ab 1947 des Landes Niedersachsen. 1947 trat er zur DP über.[541]

Die DP wird dem mit der Arbeit des Parlamentarischen Rats Vertrauten durch ihre vielfältigen konservativen Eingaben und Anträge im Gedächtnis geblieben sein. Der Abgeordnete Heile hatte, insbesondere im Vergleich mit seinem Parteikollegen Hans-Christoph Seebohm, der Protokoll-Lage folgend einen eher nachgeordneten Anteil.

---

538 Zunächst war Heile bei der Berliner Nationalzeitung tätig, dann von 1906 bis 1908 als Herausgeber und Schriftleiter der „Deutschen Hochschule“ sowie von 1912 bis 1919 Hauptschriftleiter von Naumanns „Die Hilfe“ und von 1919 bis 1923 deren Mitherausgeber (*Lange* 2008c).

539 Ab 1908 Mitglied in der liberalen Vereinigung Freisinniger, ab 1910 Mitglied der liberalen Fortschrittlichen Volkspartei und von 1910 bis 1914 Generalsekretär dieser Partei im Provinzialverband Hannover (a.a.O.).

540 Er wurde 1917 Stadtverordneter in Berlin-Schöneberg, trat 1918 der DP bei, war 1919/20 Mitglied der Weimarer Nationalversammlung und dann von 1920 bis 1924 Mitglied des Reichstages (a.a.O.).

541 *Pikart/Werner* 1993, S. XVIf., *Lange* 2008c.

Anhang 2: Weitere zentrale Persönlichkeiten

Der zweite Anhang widmet sich solchen Persönlichkeiten, die zwar nicht (ständiges) Mitglied des Grundsatzausschusses waren, aber dennoch – nach Einschätzung aus der Protokoll-Lage – einen nicht unerheblichen Einfluss auf die Naturrechtsdiskussion nahmen.

(1) Walter Menzel (* 13. September 1901 in Berlin; † 24. September 1963 in Bad Harzburg; evangelisch; SPD) war Sohn eines Lehrers und späteren preußischen Ministerialdirektors und der Tochter eines preußischen Innenministers.[542] Bereits vor dem Abitur war er in sozialistischen Kreisen aktiv. Er trat nach dem Abitur 1920, 1921 in die SPD ein, studierte in Freiburg im Breisgau, Breslau und Berlin Rechts- und Staatswissenschaften sowie Nationalökonomie. Er war in dieser Zeit in der Vereinigung Reichsbanner „Schwarz-Rot-Gold" und in der Vereinigung sozialdemokratischer Juristen aktiv. Nach der Promotion in Breslau 1925, folgte 1927 das Assessorexamen. Seine frühe Berufstätigkeit war von schnellen Anstellungswechseln geprägt: Er war zunächst als Amtsrichter in Potsdam tätig, dann als Regierungsassessor in Essen. Bereits 1928 wurde Menzel Finanzrat im preußischen Finanzministerium, bevor er 1930 in Weilburg/Lahn mit nicht einmal 30 Jahren Landrat wurde. Der Sozialdemokrat musste sich jedoch nach der Machtergreifung der Nationalsozialisten aus dem Amt entfernen lassen und war schließlich arbeitslos. 1934 eröffnete er in Berlin eine Anwaltskanzlei und überdauerte die Zeit des Nationalsozialismus als Verteidiger. Er verteidigte unter anderem auch vom Nationalsozialismus Verfolgte. Nach Kriegsende 1945 war er zunächst Berater der amerikanischen Militärregierung in Berlin. Anschließend wurde Menzel in die Provinzialregierung von Westfalen in Münster berufen, als stellvertretender Oberpräsident und Generalreferent für Inneres. Ab 1946 war er Innenminister und stellvertretender Ministerpräsidenten in der Regierung des neu gebildeten Landes Nordrhein-Westfalen.[543]

In seiner Funktion als Innenminister von Nordrhein-Westfalen war Menzel bereits an den Bemühungen zur Erstellung einer Landesverfassung zentral beteiligt.[544] Er

---

542 *Fischer* 1994, S. 107.

543 *Fischer* 1994, S. 107f.; *Notz/Wickert* 2009, S. 78.

544 *Gattermann* oJ.

galt neben Carlo Schmid als führender Verfassungsexperte der SPD.[545] In die Geschichte der Entstehung des Grundgesetzes ging er, außer durch seine Teilnahme am Parlamentarischen Rat, durch zwei Verfassungsentwürfe ein, die er 1948 vorlegte: Der erste Menzel-Entwurf einer Westdeutschen Satzung enthielt ebenso wie der zweite Menzel-Entwurf vom 2. September 1949 keinen Grundrechtsteil, ebenso fehlte es an der Festschreibung von Staatsgrundsätzen. Dennoch war die Arbeit Menzels nach Genehmigung des Verfassungsausschusses des SPD-Vorstandes eine Handreichung für die SPD-Abgeordneten im Parlamentarischen Rat.[546]

Wie man allerdings an den Ausführungen der beiden SPD-Abgeordneten als Berichterstatter am Beginn der Arbeit des Grundsatzausschusses erkennt, ist diese Aussparung eines Grundrechtsteils durch Menzel nicht verfolgt worden (s.o. III.1.b.). Inwieweit der stark um Grundrechte beschnittene Kurzentwurf[547] aus der Krisenzeit des Frühjahrs 1949 (s.o. IV.5.Exkurs) auf das Hinwirken Menzels zurückgeht, muss an dieser Stelle offenbleiben.

(2) Heinz Renner (eigentlich *Heinrich Renner*[548]; * 6. Januar 1892 in Lückenburg (Kreis Bernkastel); † 11. Januar 1964 in (Ost-)Berlin; konfessionslos[549]; KPD) war Sohn eines Volksschullehrers und wuchs nach Versetzung seines Vaters 1895 im Saarland auf.[550] Über seine Zeit vor dem ersten Weltkrieg vermitteln viele biographische Abhandlungen zumindest ein irreführendes[551], wenn nicht gar falsches Bild.[552] Hier wird mitunter dargestellt, dass Renner das Gymnasium vollendet habe und anschließend in den Krieg gezogen sei. Dem war nicht so. Erhard Lange erklärt, dass Renner die Ereignisse dieser Zeit später durch eine „Legende“ kaschiert habe, der die meisten biographischen Veröffentlichungen zu seiner Person auch folgten. Tatsächlich verließ er 1910 das Realgymnasium in Sulzbach und begann dort eine Banklehre. Beendet wurde diese nachdem er 1911 Geld unterschlagen hatte und unter falschem Namen nach Paris und London floh. Nach seiner Verhaftung in London

545 *Notz/Wickert* 2009, S. 78.
546 Siehe dazu *Hartwich* 1978, S. 23.
547 *Feldkamp* 1996, S. LII.
548 *Lange* 2003, S. 429.
549 Renner war zunächst evangelisch, ab 1921 dann konfessionslos (*Lange* 2003, S. 429.).
550 *Lange* 2003, S. 429, *Weber/Herbst* 2004, S. 608f.
551 *Weber/Herbst* 2004, S. 608.
552 Z.B. Munzingers Internationales Biographisches Archiv 05/1964 vom 20. Januar 1964 oder die Biographie, die derzeit (Juni 2016) auf der Seite des Landtages von NRW angeboten wird.

wurde er 1912 vom Landgericht Saarbrücken zu zwei Jahren Haft verurteilt.[553] 1913 trat er der SPD bei.[554]

Nach Kriegsdienst im Ersten Weltkrieg ging er von der SPD über die USPD hin zur KPD, machte eine parteipolitische Karriere in der KPD und in der KPD nahestehenden Organisationen. Von 1924 bis 1933 gehörte er dem Essener Stadtparlament an und von 1925 bis 1933 dem Landtag der Rheinprovinz. Nach 1933 wich er zunächst ins Saarland aus, dann 1935 nach Paris. 1942 wurde er verhaftet und in verschiedenen Haftanstalten in Frankreich und Deutschland festgehalten.

Nach Kriegsende nahm er in Essen wieder sein parteipolitisches Engagement bei der KPD auf und wurde 1946 in den Essener Bürgerausschuss berufen, von 1946 bis 1956 gehörte er dann dem Essener Stadtrat an. Eine kurze Episode war 1946 die Zeit als Oberbürgermeister von Essen. Auch auf Landesebene engagierte sich Renner. Zunächst ab 1945 war er Mitglied des Provinzialrats, von 1946 bis 1950 dann des Landtags von NRW. Er bekleidete zudem 1946 das Amt des Sozialministers und 1947/48 das des Verkehrsministers.[555]

„Mit Witz und rhetorischer Gewandtheit verstand er es, die fundamentaloppositionelle Grundhaltung der KPD in einer Weise zu vertreten, die ihm über Parteigrenzen hinweg persönliche Sympathie einbrachte."[556] So fasst Lange Renners parlamentarisches Wirken zusammen. Dem mag nicht jedes Mitglied des Parlamentarischen Rates zugestimmt haben wollen.

(3) Hans-Christoph Seebohm (* 4. August 1903 in Kattowitz; † 17. September 1967 in Bonn; evangelisch; DP[557]) stammte aus einer religiösen Bergbauunternehmerfamilie mit einer ausgeprägten Quäker-Tradition. Nach Besuch des Dresdner Georg-Gymnasiums studierte er von 1921 bis 1928 das Bergfach an der Bergakademie in Freiberg und an den Hochschulen in München und Berlin-Charlottenburg. 1931 bestand er das Bergassessorexamen und wurde 1933 mit einem geologischen Thema zum Dr.-Ing. promoviert. Von 1933 an hatte er diverse leitende Ämter und

553 *Lange* 2003, S. 429f.

554 *Weber/Herbst* 2004, S. 608.

555 *Lange* 2003, S. 429f., *Weber/Herbst* 2004, S. 608f.

556 *Lange* 2003, S. 430.

557 Seebohm wird häufig als CDU-Mitglied genannt. Dies war er auch ab 1960. Zur Zeit des Parlamentarischen Rates allerdings trat er als stellvertretener Bundesvorsitzender der DP auf (*Detjen* 2010, S. 138).

Geschäftsführerposten in der Bergbauindustrie inne. Nach dem Krieg war Seebohm engagiertes Mitglied und stellvertretender Vorsitzender der DP. Er wurde 1946 Mitglied des Niedersächsischen Landtages und in Niedersachsen Minister für Aufbau, Arbeit und Gesundheitswesen. Er hatte die Ämter bis 1948 inne. Außerdem war er nach dem Krieg Vizepräsident der Handelskammer Braunschweig und Vorsitzender der Wirtschaftsverbände Erdölgewinnung und Maschinenbau in der britischen Zone.[558]

Ein Bild von der Persönlichkeit Seebohms mag die retrospektive Beschreibung von Detjen vermitteln, die sich konkret allerdings auf die Zeit nach 1949 bezieht: „Als streitbarer Konservativer mit einer ausgeprägt patriotischen Einstellung mißachtete er die Kabinettsräson, wenn es um die sudetendeutsche Sache ging, und verursachte mit seinen Äußerungen mehrfach Irritationen im In- und Ausland.“[559]

(4) Adolf Süsterhenn (* 31. Mai 1905 in Köln; † 24. November 1974 in Koblenz; katholisch, CDU) war bereits als Schüler in der katholischen Jugendbewegung (Neudeutschland) engagiert, machte 1923 sein Abitur und schrieb sich zunächst an der Universität Freiburg im Breisgau ein. Bereits im Wintersemester wechselte er zurück in seine Vaterstadt an die Universität zu Köln. In der Studienzeit, in der er sich den Staats-, Rechts- und Wirtschaftswissenschaften widmete, war er zunächst in Freiburg bei der Katholischen Deutschen Verbindung Hohenstaufen in Köln dann bei der Verbindung Rappolstein aktives Mitglied. 1927 bestand er die Erste Juristische Staatsprüfung. 1926 gehörte er zu den Mitbegründern des Görres-Bundes, einem überkorporativen Bund katholischer Jungakademiker; ein Kreis, in dem er spätestens mit dem Naturrechtsdenken und der katholischen Soziallehre vertraut wurde.[560]

Rudolf Uertz beschreibt die Persönlichkeit Süsterhenns, wie sie bereits zur Studienzeit zu Tage getreten sei: „Schon damals trat seine außerordentliche Persönlichkeit, gepaart mit einem gewissen Führungsanspruch und einem hervorstechenden Redetalent, in Erscheinung.“[561] Auf diese Ausprägung der Persönlichkeit mag auch

---

558 *Detjen* 2010, S. 138; Munzingers Internationales Biographisches Archiv 49/1967 vom 27. November 1967.

559 *Detjen* 2010, S. 138.

560 *Uertz* 2008, S. 355f.; *Baumgart* 1984, S. 189f.; *Lange* 2008k.

561 *Uertz* 2008, S. 355f.

Einfluss gehabt haben, dass Süsterhenn bereits als Kind, hinter der Ladentheke seiner Eltern stehend, sich zu Höherem berufen fühlte.[562]

Nach dem Referendarexamen 1927 und der Promotion zum Dr. iur. 1928 mit der Dissertation „Das polnische Konkordat vom 10. Februar 1925" wurde er zunächst Richter in Trier und Köln und schließlich ab 1932 Rechtsanwalt in Köln. Er war dort auch Mitglied des Kölner Stadtrates für die Zentrumsfraktion, legte aber bereits 1933 sein Mandat im Angesicht der Nationalsozialisten nieder.[563]

In der Zeit des Nationalsozialismus war er hauptsächlich als Anwalt im Bereich des internationalen Wirtschaftsrechts tätig, vertrat aber auch Mandanten aus Widerstandskreisen in Strafsachen. Süsterhenn selbst war im Widerstand aktiv, pflegte Kontakte zwischen deutschen und niederländischen katholischen Gewerkschaftern und publizierte darüber hinaus kritisch in einer holländischen Zeitung. Auch zur Widerstandsgruppe des 20. Juni 1944 pflegte er Kontakte.[564]

Nach dem Krieg gehörte Süsterhenn, der aufgrund der Bombardierung Kölns nach Unkel im heutigen Rheinland-Pfalz gezogen war, zu den Gründern der CDU. Er sprach sich explizit gegen die Wiederbelebung des Zentrums aus, wollte er eine Partei beider christlicher Konfessionen schaffen. 1946 wurde er von der französischen Militärregierung zum Vorsitzenden der Vorbereitenden Verfassungskommission von Rheinland-Pfalz berufen und zudem zum Justizminister des Landes. Außerdem war er ab 1947 Kultusminister. Die Ministerämter behielt er bis 1951. Bereits in der frühen Nachkriegszeit war er wieder publizistisch tätig, zum Beispiel im Rheinischen Merkur und vernetzte sich schnell mit diversen Führungspersonen in der neuen CDU.[565]

(5) Helene Wessel (* 6. Juli 1898 in Hörde (Dortmund); † 13. Oktober 1969 in Bonn; katholisch; Zentrum[566]) wurde in eine Familie hineingeboren, in der der Vater, ein Lokführer, bereits aktiver Zentrumpolitiker war. Wessel machte früh und schnell Karriere. Sie absolvierte eine kaufmännische Lehre, die Handelsschule und wurde

562 *Baumgart* 1984, S. 189f.
563 *Uertz* 2008, S. 356f.; *Baumgart* 1984, S. 190f.; *Lange* 2008k.
564 *Baumgart* 1984, S. 190f.
565 *Uertz* 2008, S. 357f.; *Baumgart* 1984, S. 191ff.
566 Wessel war zunächst bis 1952 Mitglied der Zentrumspartei, trat 1952 der neugegründeten GVP bei, bevor sie schließlich nach der Auflösung der GVP 1957 zur SPD übertrat (siehe dazu *Zündorf* oJ).

bereits 1915 mit 17 Jahren Stenotypistin. 1917 trat sie ebenfalls der Zentrumspartei bei. Sie absolvierte ab 1922 die Wohlfahrtsschule in Münster und wurde Sozialbeamtin in Dortmund. Dort war sie zugleich als Parteisekretärin aktiv. 1924 wurde sie in den Parteivorstand berufen, 1928 erhielt sie ein Mandat im preußischen Landtag, in dem sie mit 30 Jahren die jüngste Abgeordnete war. Sie erlangte schnell eine breitere öffentliche Bekanntheit, äußerte sich zu diversen tagesaktuellen Themen. 1929/1930 machte Sie eine Fortbildung zur Diplom-Wohlfahrtspflegerin an der Deutschen Akademie für soziale und pädagogische Frauenarbeit, wobei ihre Diplomarbeit im Anschluss Publikation fand.[567] Während Erhard Lange noch über Wessel zu berichten weiß, dass Wessel als eine von drei Zentrumsabgeordneten gegen das Ermächtigungsgesetz gestimmt habe[568], erklärt Ebbinghaus dies als widerlegt. Dementgegen habe Wessel selbst in einem Wahlaufruf 1949 erklärt, sie habe 1933 nicht zugestimmt.[569]

Ungeachtet dessen wurde sie von den Nationalsozialisten als politisch unzuverlässig eingestuft und sie versuchte anschließend unauffällig zu leben.[570] Während Lange sie für die Jahre 1933 bis 1939, als „ohne dauerhafte Beschäftigung" [571] einstuft, arbeitete Wessel offensichtlich von 1934 bis 1939 als Büroangestellte im St. Johannes Hospital in Dortmund, bevor sie dann als leitende Fürsorgerin in der Zentrale des Katholischen Fürsorgevereins für Mädchen, Frauen und Kinder in Dortmund tätig war. 1934 erschien auch ihre Schrift „Bewahrung nicht Verwahrlosung".[572]

Wessel war in dieser Schrift der Ansicht, dass biologisch minderwertige Menschen von der Fortpflanzung auszuschließen seien. Sie äußerte, dass sogenannte Bewahrungsbedürftige der Fürsorge[573] bekannt seien und dass diese auf unverantwortliche Weise das Volksvermögen belasteten;[574] Ansichten, die denen der Nationalsozialisten ganz augenscheinlich entsprachen.

---

567 *Ebbinghaus* 1987, S. 160ff.; *Lange* 2008h.
568 *Lange* 2008h.
569 *Ebbinghaus* 1987, S. 162.
570 *Zündorf* oJ.
571 *Lange* 2008h.
572 *Ebbinghaus* 1987, S. 162; *Zündorf* oJ.
573 Unter Fürsorge ist heute die Sozialhilfe zu verstehen (Entwicklung kurz dargestellt bei *Stolleis* 2014, S. 169f.).
574 *Wessel* 1934, z.B. Vorwort und S. 10.

Nach dem Krieg war Wessel am Wiederaufbau der Zentrumspartei beteiligt. Sie gehörte zu den Gründungsmitgliedern der Partei.[575] Ab 1946 war sie Mitglied des Beratenden Westfälischen Provinzialrats und anschließend, ebenfalls ab 1946 Abgeordnete des Nordrhein-Westfälischen Landtags. 1947/1948 war sie zudem Mitglied des Zonenbeirats der Britischen Zone.[576] Neben der politischen Tätigkeit war Wessel ab 1946 Lizenzträgerin und Geschäftsführerin der Tageszeitung „Neuer Westfälischer Kurier".[577]

Auf die Frage nach der Motivation ihres politischen Engagements, für das sie ihre Tätigkeit als Fürsorgerin aufgegeben hatte, soll sie geantwortet haben: „Man darf sich dieser Verantwortung nicht entziehen, vor allem, wenn man glaubt, damit auch als katholischer Mensch für die Aufgabe der Katholiken im politischen Leben wirken zu können."[578]

---

575 *Ebbinghaus* 1987, S. 169.
576 *Lange* 2008h.
577 *Ebbinghaus* 1987, S. 169.
578 Zitiert nach *Zündorf* oJ.

Nachwort

Liebe Leser_innen,

das Grundgesetz für die Bundesrepublik Deutschland ist nunmehr annähernd 67 Jahre alt: als Provisorium gedacht, über die Jahre immer wieder modifiziert und dennoch immer noch in den grundlegenden Punkten so erhalten, wie es die sogenannten Mütter und Väter es in mitunter – wie es auch Feldkamp einschätzt[579] – mühsamen, so vielseitig beeinflussten Sitzungen erarbeitet haben.

Die Auseinandersetzung mit der Nachkriegszeit des Zweiten Weltkrieges in Deutschland, insbesondere die direkte Nachkriegszeit, entfaltet einen besonderen Reiz für einen staatswissenschaftlich Interessierten, wurde doch in dieser Zeit nach 1945 eine bedeutende ‚Neuordnung' unserer staatlichen Verfassung – über das bloße Rechtliche hinaus – vollzogen. Auch wenn wichtige Weichen bereits vor der Zeit des Parlamentarischen Rates gestellt worden waren und die noch nicht näher als solche benannte Bundesrepublik schon ihre Entwicklungsrichtung eingeschlagen hatte, lässt die Auseinandersetzung mit den Akten und Dokumenten des Parlamentarischen Rates einen tiefen Einblick in die Neukonstitution dieser Bundesrepublik und die Ausfüllung der in vielfältiger Weise gegebenen Gestaltungsräume zu.

Auch der mit dem Grundgesetz Vertraute wird beim Studium der Akten und Protokolle dennoch an diversen Stellen über den Weitblick und die Fortschrittlichkeit der Diskutanten überrascht sein; ein Fortschritt, der wohl auch in Teilen durch die konservativen 50er-Jahre des 20. Jahrhunderts vernebelt wurde. Eine Zeit, die die von Teilen intendierte Wirkung des Grundgesetzes gehemmt hat – um nur ein Beispiel zu nennen, sei an dieser Stelle die umfängliche Gleichberechtigung der Menschen, insbesondere von Mann und Frau angeführt. Es bedurfte einer doch nicht unerheblichen Zeit in der Bundesrepublik des Grundgesetzes zur Umsetzung dieser Gleichberechtigung. Feldkamp, der sich insbesondere in den 90er-Jahren des letzten Jahrhunderts intensiv mit dem Parlamentarischen Rat auseinandergesetzt hat, weiß

579 Siehe dazu das Vorwort in *Feldkamp* 1999, S. 13f., das mit Einschränkung des hier gesetzten Fokus auch für die vorliegende Arbeit gelten kann.

dazu zu berichten, dass die CDU in der expliziten Aufnahme der Gleichberechtigung von Mann und Frau eine Überreaktion des Parlamentarischen Rates auf den Druck aus der Öffentlichkeit ausgemacht habe.[580]

Reizvoll und zugleich herausfordernd ist der vieldimensionale Anspruch einer solchen Betrachtung des Erarbeitungsprozesses eines Verfassungsdokuments, die in Teilen die Dimensionen des staatswissenschaftlichen Studiums abdeckt und in Teilen darüber hinausgeht. Ich habe mein Studium mit dem Anspruch eines interdisziplinären Verständnisses angetreten und das Studium hat gezeigt: unser gesellschaftliches Zusammenleben ist nicht eindimensional, nicht monodisziplinär zu erklären. Wir müssen uns ständig der Fülle an Einflussfaktoren bewusst sein, müssen uns ständig vergegenwärtigen, dass wir den Blick über den uns geläufigen disziplinären Kanon durch Blicke über den Tellerrand erweitern oder besser sogar einen polydisziplinären Blickwinkel einnehmen müssen, wenn wir an die Grenzen der Erklärbarkeit gelangen. Und trotzdem kann es immer wieder der Fall sein, dass eine gefundene einfache Erklärung der Realität nicht gerecht wird.

Die vorliegende Arbeit bewegte sich deshalb hauptsächlich in Bereichen der sozial-, geschichts- und rechtswissenschaftlichen Disziplinen sowie damit untrennbar am Rande verbunden mit der Ideengeschichte und Philosophie.

Was dem die Akten des Parlamentarischen Rats Studierenden mit Blick auf den Themenkomplex dieser Arbeit bewusst wird, ist, dass die Teilnehmer und Teilnehmerinnen des Parlamentarischen Rates mehrheitlich ein gemeinsames Ziel verfolgten, das in der Zeit des Nationalsozialismus Erlebte für die Zukunft zu verunmöglichen, auch über den Grundrechtsteil hinaus. Das Erlebte hatte eine tiefgehende Wirkung hinterlassen und war 1948/49 selbstverständlich noch sehr präsent.

Und dennoch waren die Reaktionen sehr unterschiedlich – die Parteien hatten sich neugegründet und ihre politische Arbeit bereits wieder aufgenommen: Jede politische Richtung witterte die Chance, ihre Ideologie in der Staatskonstitution niederzulegen: die einen mit dem Willen zum Kompromiss (z.B. weite Teil der SPD, CDU und Liberalen), die anderen auf ihren Zielen beharrend (z.B. Teile der CSU, der KPD oder der DP). Und obwohl Rufe nach dem Naturrecht – also dem vorstaatlich gegebenen, auch den Verfassungsgesetzgeber bindenden und darüber hinaus wirkenden Recht – die Verhandlungen durchzogen, erschien es dem Gros der Parlamentarier

580 *Feldkamp* 1998, S. 65.

mehr oder weniger bewusst zu sein, was Hannah Arendt später allgemein formulierte: „So bald alle anderen gesellschaftlichen und politischen Qualitäten verloren waren, entsprang dem bloßen Menschsein keinerlei Rechte mehr."[581] Sie führte aus, dass der Mensch gerade nicht von seinem Menschsein aus Rechte habe, sondern eine Garantie von Grundrechten nur durch den Staat effektiv gewährt werden könne – der Mensch komme praktisch nackt auf die Welt.[582]

Und gleichzeitig muss der Staat durch das Verfassungswerk in seine Schranken verwiesen, das Handeln des Staates durch Grundrechte gelenkt und begrenzt werden. Sie stellen Leitplanken für das staatliche Handeln dar.[583] Oder wie es der Rechtsphilosoph Robert Alexy allgemein formuliert: „[...] die Notwendigkeit des Rechts und des Staates steht in dem eigentümlichen Kontrast zu der Erfahrung, daß die Menschenrechte durch nichts so sehr bedroht werden können wie durch einen Staat [...]."[584] Es war auch deshalb den Mitgliedern des Parlamentarischen Rates, geprägt durch die unmittelbaren Erfahrungen, so wichtig, die Grundrechte als subjektiv-öffentliche, also einklagbare[585] – damit durch den Staat gewährte[586] – Rechte zu gestalten, die jedem Deutschen und mitunter darüber hinaus jedem Menschen zukommen und die nicht durch einen einfachen legislativen Akt geändert werden können, sondern zumindest einen mit besonderen Anforderungen ausgestatten legislativen Akt benötigen. Die zentrale Menschenwürde gar fand durch die Ewigkeitsklausel einen besonderen, darüber noch hinaus gehenden Schutz: eine wesentliche Errungenschaft des neuen Verfassungswerks, das trotz des provisorischen Charakters doch schon eine solche Gestaltung erfuhr, dass es für Jahre ein solides Fundament für die Bundesrepublik Deutschland bildete und immer noch bildet.

---

581 *Arendt* 2013 [1951], S. 619.

582 Dazu das Kapitel „Die Aporien der Menschenrechte" in Hannah Arendts „Elemente und Ursprünge totaler Herrschaft" (a.a.O., S. 601ff.).

583 Zum Verhältnis von Menschenrechte und der Staatsnotwendigkeit siehe *Grawert* 2004, S. 115ff. Abzulehnen ist dagegen die Argumentation von *Merten* 2007, S. 123ff., wenngleich sein Einwurf als Opposition zur Staatsphobie zu begrüßen ist.

584 *Alexey* 1998, S. 258; daraus folgt, dass die Menschenrechte auch wesentlich Abwehrrecht sind. Er folgert zudem die Notwendigkeit eines demokratischen Rechtsstaates zur Verwirklichung von Menschenrechten als positives Recht.

585 Dazu – und deutlich als Reaktion auf den Nationalsozialismus – siehe *Starck* 2012, S. 211.

586 Diese ‚durch-den-Staat-Gewährung' mag auch durch die Verwirkbarkeit aus Art. 18 GG deutlich werden. Die staatsschützende, als die Demokratie und den Rechtsstaat (siehe dazu z.B. *Maunz* 1993, S. 281ff.) und damit mittelbar auch die Grundrechte schützende Norm, zeigt eben den Ursprung der geltenden Grundrechte nicht der Natur, sondern des Staates wegen an.

Dennoch blieben diverse Fragen offen. Und nicht alles mag der bloßen Flexibilitätsidee geschuldet sein, die gerade auch einen positiven Einfluss auf die langlebige Wirkkraft entfaltet und die es auch ermöglichte, eine so weitgreifende europäische Integration zu erreichen. Was das Grundgesetz beispielsweise offen lässt und in der Staatslehre umstritten, ist die fundamentale Frage, ob nun das Volk, der einzelne Bürger vor dem Staat oder der Staat vor dem Volk steht, der Staat als Subjekt oder als Gemeinschaft des demokratischen Volkes begriffen werden muss? Und: Was ist überhaupt unter Staat zu verstehen? Eine Frage die in einem interdisziplinären Diskurs Klärung finden kann und mit Blick auf die Garantie der Grund- und Menschenrecht auch finden muss.[587]

Es gilt, die Organisation von verfestigten Gefügen sozialer Beziehungen unterschiedlicher Intensität und deren Beziehungen untereinander sowie deren Voraussetzungen zu erörtern und die Erfassung dieser im Grundgesetz zu klären.

Am Ende möchte ich allen danken, die diese Arbeit im Rahmen der Universität Erfurt möglich gemacht haben. Namentlich zunächst Professor Manfred Baldus, der den Anstoß zur Auseinandersetzung mit der Arbeit des Parlamentarischen Rates und schließlich zur Erstellung dieser Arbeit gab. Daneben, Professor Andreas Anter, der sich freundlicherweise bereiterklärt hat, die Anmeldung und Begutachtung dieser Arbeit mitzutragen. Beiden gilt mein Dank auch für die sehr konstruktiven Gutachten und für die in Aussicht gestellte weitere Unterstützung.

Darüber hinaus möchte ich allen danken, die diese Arbeit kritisch gegengelesen haben und mit ihren Anmerkungen zum Ergebnis beigetragen haben, so Hannes Berger (Leipzig), Philipp Buchallik (Dresden), Franziska Kukla (Erfurt) sowie Andreas Schneller (Berlin).

Ein ganz besonderer Dank gilt auch Raphael Schwendele (Heidelberg), der das Werk nach seiner Fertigstellung nochmals im Gesamten gelesen hat und die mühsamen Ausmerzung der groben sprachlichen Unzulänglichkeiten im Bereich der Orthographie und Grammatik besorgt hat.

Schließlich gilt mein Dank Professor Alexander Thumfart, bei dem ich für die Dauer meines Masterstudiums als Hilfskraft tätig war und der das interdisziplinäre

[587] Dazu *Grawert* 2013, S. 72ff. und *Quaritsch* 1994, S. 355ff.

Buchprojekt zum Hochschulrecht und der Hochschulpolitik in Thüringen (erschienen in Hamburg, 2015) unterstützt hat, das in Zusammenarbeit mit Hannes Berger mein Masterstudium parallel begleitete. Zudem hat Professor Thumfart die „Schirmherrschaft“ – wie es Felix Baumert nannte – für das ‚Lektüreseminar Karl Marx‘ übernommen, im Rahmen dessen ich mit Felix Baumert im Wintersemester 2015/16 den ersten Band des ‚Kapitals‘ gemeinsam mit Bachelor-Studierenden der Staatswissenschaften bearbeitet habe.

Diesen allen – und allen hier Nichtgenannten, die dennoch unmittelbar oder mittelbar beigetragen haben – möchte ich meinen herzlichen Dank aussprechen, darunter selbstverständlich meinen Eltern für die jahrelange Unterstützung, ebenso wie meiner Schwester Sophie, die im Laufe des Studiums diverse Arbeiten gegengelesen hat und auch damit zum Erfolg beigetragen hat.

Erfurt, im Februar/Juli 2016
Lukas C. Gundling

Literatur[588]

AGETHEN, MANFRED: *Jakob Kaiser (1888–1961). Christlicher Gewerkschafter, Berlin*, in: Buchstab/Kleinmann (Hrsg.): In Verantwortung vor Gott und den Menschen: Christliche Demokraten im Parlamentarischen Rat 1948/49, Herder, Freiburg 2008.

ALEXY, ROBERT: *Die Institutionalisierung der Menschenrechte im demokratischen Verfassungsstaat*, in: Gosepath/Lohmann (Hrsg.): Die Philosophie der Menschenrechte, Suhrkamp, Frankfurt am Main 1998, S. 244ff.

ALTENDORF, HANS: *SPD und der Parlamentarische Rat – Exemplarische Bereiche der Verfassungsdiskussion*, in: Zeitschrift für Parlamentsfragen 10 (1979), S. 405ff.

ALWART, HEINER: *O. Höffes „Rehabilitierung" der Naturrechtslehre*, JZ 1990, S. 473ff.

AQUIN, THOMAS VON: *Summa Theologica*, vollständige Online-Ausgabe in englischer Sprache auf http://www.newadvent.org/summa; abgerufen zuletzt am 14. Dezember 2015.

ARENDT, HANNAH: *Elemente und Ursprünge totaler Herrschaft: Antisemitismus, Imperialismus, totale Herrschaft*, Piper, München und Zürich 2013 [Erstausgabe 1951].

BACHMANN, ULRICH/NEMITZ, KIRSTEN/BADER, WINFRIED: *Das Grundgesetz. Dokumentation seiner Entstehung…*, in: Historical Social Research, Vol. 18 (1993), Nr. 3, S. 106ff.

BACHOF, OTTO: *Naturrecht und Gegenwart. Ein Versuch zur Klärung der Begriffe*, in: AöR, Band 139 (2014), S. 1ff.

BAUER-KIRSCH, ANGELA: *Wer formuliert, hat die Macht. Zu Außenwahrnehmung und Selbstverständnis des Verfassungskonvents von Herrenchiemsee*, in: Depenheuer/Heintzen/Jestaedt/Axer (Hrsg.): Nomos und Ethos. Hommage an Josef Isensee zum 65. Geburtstag von seinen Schülern, Duncker & Humblot, Berlin 2002, S. 229ff.

588 Der nicht tiefer in der juristischen Sphäre vertraute Leser sei darauf hingewiesen: Es fällt auf, dass eine nicht unerhebliche Anzahl an Beiträgen zu verwaltungsrechtlichen Zeitschriften oder Sammelwerken in der Literaturliste zu finden sind. Das mag nicht verwundern und erklärt sich sehr schön mit dem verschriftlichen Vortrag des ehemaligen Verwaltungsgerichtspräsidenten Fritz Werner aus dem Jahr 1959, in dem er das Verwaltungsrecht als konkretisiertes Verfassungsrecht charakterisiert (*Werner* 1959, S. 527ff.). Es ist deshalb gerade auch für mit dem Verwaltungsrecht betraute Juristen unausweichlich, sich mit dem Verfassungsrecht auseinander zu setzen. Gerade in der Frühzeit nach der Zeit des Nationalsozialismus waren es Verwaltungsrechtliche Zeitschriften (DVBl.; DÖV), die neben den Vorgängerzeitschriften der JZ und der NJW als erste juristische Zeitschriften wieder im Bereich des Öffentlichen Rechts erschienen (*Stolleis* 2014, S. 136ff).

———: *Herrenchiemsee: Der Verfassungskonvent von Herrenchiemsee – Wegbereiter des Parlamentarischen Rates*, politikwissenschaftliche Dissertation, Universität Bonn 2005 (d-nb.info/978152921/34; abgerufen im November 2015).

BAUMGART, WINFRIED: *Adolf Süsterhenn (1905–1974)*, in: Aretz/Morsey/Rauscher (Hrsg): Zeitgeschichte in Lebensbildern, Band 6, Mainz 1984, S. 189ff.

BERLIN, ISAIAH: *Two Concepts of Liberty*, in: ders.: Four Essays on Liberty, Oxford University Press, Oxford und New York 1969, S.118ff.

BERMANSEDER, MARKUS: *Die europäische Idee im Parlamentarischen Rat*, Duncker & Humblot, Berlin 1998.

BIX, BRIAN H.: *Legal Positivism*, in: Golding/Edmundson (Hrsg.): The Blackwell Guide to the Philosphy of Law and Legal Theory, Blackwell, Oxford 2005, S. 29ff.

BRACHER, KARL DIETRICH: *Kriegsende und Epochenwende*, in: Oberreuter/Weber (Hrsg.): Freundliche Feinde? Die Alliierten und die Demokratiegründung in Deutschland, Olzog, München 1996, S. 23ff.

BRAUN, OLIVER: *Josef Schwalber (1902–1969), Staatssekretär, Bayern*, in: Buchstab/Kleinmann (Hrsg.): In Verantwortung vor Gott und den Menschen: Christliche Demokraten im Parlamentarischen Rat 1948/49, Herder, Freiburg 2008.

BRIESKORN, NORBERT: *Wofür benötigen wir überhaupt ein Naturrecht? Sinn und Notwendigkeit des Naturrechts aus philosophischer und theologischer Sicht*, in: Härle/Vogel (Hrsg.): „Vom Rechte, das mit uns geboren ist“, Aktuelle Probleme des Naturrechts, Herder, Freiburg im Breisgau 2007, S. 97ff.

BRILL, HERMANN L.: *Die Grundrechte als Rechtsproblem*, in: DÖV 1948, S. 54ff.

BUCHER, PETER (BEARB.): *Der Parlamentarische Rat 1948–1949. Akten und Protokolle. Band 2: Der Verfassungskonvent auf Herrenchiemsee*, Harald Boldt Verlag, Boppard a.Rh. 1991 [Dokumente daraus abweichend zitiert als: AD ParlR II].

BUCHSTAB, GÜNTER: *Felix Walter (1890–1949), Ministerialrat, Württemberg-Baden*, in: ders./Kleinmann (Hrsg.): In Verantwortung vor Gott und den Menschen: Christliche Demokraten im Parlamentarischen Rat 1948/49, Herder, Freiburg 2008.

COING, HELMUT: *Die obersten Grundsätze des Rechts. Ein Versuch zur Neugründung des Naturrechts*, Schriften der Süddeutschen Juristen-Zeitung, Heft 4, Heidelberg 1947.

CRÄMER, PETER/LINDSAY, DENISE: *Karl Sigmund Mayr (1906–1978). Steuerberater, Bayern*, in: Buchstab/Kleinmann (Hrsg.): In Verantwortung vor Gott und den Menschen: Christliche Demokraten im Parlamentarischen Rat 1948/49, Herder, Freiburg 2008.

CZERMAK, GERHARD: *„Gott“ im Grundgesetz?*, NJW 1999, S. 1300ff.

DANNENBERG, GABRIELE (RED.): *Der Rechtstaat: Grundgesetz und humanistisches Naturrecht*, Campaigner-Verlag, Wiesbaden 1978.

DETJEN, JOACHIM: *Seebohm, Hans-Christoph*, in: Neue Deutsche Biographie, Band 24, 2010, S. 138f.

VON DOEMMING, KLAUS-BERTO/FÜSSLEIN, RUDOLF WERNER/MATZ, WERNER: *Entstehungsgeschichte der Artikel des Grundgesetzes, im Auftrag der Abwicklungsstelle des Parlamentarischen Rates und des Bundesministeriums des Inneren auf Grund der Verhandlungen des Parlamentarischen Rates*. Jahrbuch des Öffentlichen Rechts der Gegenwart, Neue Folge, Band 1, Mohr-Siebeck, Tübingen 1951.

DI FABIO, UDO: *Vom Recht, Recht zu sprechen: Die Legitimation des Bundesverfassungsgerichts*, in: APuZ 35–36/2011, S. 3ff.

DÜRIG, GÜNTER: *Die Menschenauffassung des Grundgesetzes*, in JuRu 1952, S. 259ff.

———: *Grundrechte und Zivilrechtsprechung*, in: Maunz (Hrsg.): Vom Bonner Grundgesetz zur Gesamtdeutschen Verfassung. Festschrift zum 75. Geburtstag von Hans Nawiasky, Isar, München 1956, S. 157ff.

DREIER, HORST: *Naturrecht und Rechtspositivismus. Pauschalurteile, Vorurteile, Fehlurteile*, in: Härle/Vogel (Hrsg.): „Vom Rechte, das mit uns geboren ist", Aktuelle Probleme des Naturrechts, Herder, Freiburg im Breisgau 2007, S. 127ff.

EBBINGHAUS, ANGELIKA: *Helene Wessel und die Verwahrung*, in dies. (Hrsg.): Opfer und Täterinnen. Frauenbiographien des Nationalsozialismus, Greno, Nördlingen 1987, S. 152ff.

ECKERT, JOERN: *Legal Roots of Human Dignity in German Law*, in: Kretzmer/Klein (Hrsg.): The Concept of Human Dignity in Human Rights Discourse, Kluwer Law International, The Hague 2002, S. 41ff.

ENNUSCHAT, JÖRG: *„Gott" und Grundgesetz: Zur Bedeutung der Präambel für das Verhältnis des Staates zu Religion und Religionsgemeinschaften*, NJW 1998, S. 953ff.

EVERS, HANS-ULRICH: *Zum unkritischen Naturrechtsbewußtsein in der Rechtsprechung der Gegenwart*, JZ 8/1961, S. 241ff.

FECHNER, ERICH: *Naturrecht heute*, in: Kaufmann (Hrsg.): Gedächtnisschrift für Gustav Radbruch 21.11.1878 – 23.11.1949, Vandenoeck & Ruprecht, Göttingen 1968, S. 161ff.

FELDKAMP, MICHAEL F. (BEARB.): *Der Parlamentarische Rat 1948–1949. Akten und Protokolle. Band 8: Die Beziehungen des Parlamentarischen Rates zu den Militärregierungen*, Boldt, Boppard a. Rh. 1996 [Dokumente daraus zitiert als: AD ParlR VIII].

———: *Der Parlamentarische Rat 1948–1949. Akten und Protokolle. Band 10: Ältestenrat, Geschäftsordnungsausschuß und Überleitungsausschuß*, Boldt in Oldenbourg, München 1997 [Dokumente daraus zitiert als: AD ParlR X; darüber hinaus abweichend Feldkamp 1997a].

———: *Der Parlamentarische Rat 1948–1949. Akten und Protokolle. Band 11: Interfraktionelle Besprechungen*, Boldt in Oldenbourg, München 1997 [Dokumente daraus zitiert als: AD ParlR XI; darüber hinaus abweichend Feldkamp 1997b].

———: *Der Parlamentarische Rat 1948–1949. Die Entstehung des Grundgesetzes,* Vandenhoeck & Ruprecht, Göttingen 1998.

———: *Der Parlamentarische Rat 1948–1949. Akten und Protokolle. Band 12: Ausschuß für Finanzfragen,* Boldt in Oldenbourg, München 1999 [Dokumente daraus zitiert als: AD ParlR XII].

———: *Die Entstehung des Grundgesetzes für die Bundesrepublik Deutschland 1949. Eine Dokumentation,* Reclam, Stuttgart 1999.

———: *Der Parlamentarische Rat 1948–1949. Akten und Protokolle. Band 14: Hauptausschuß*, TB I + II, Oldenbourg, München 2009 [Dokumente daraus zitiert als: AD ParlR XIV].

FISCHER, ILSE: *Menzel, Walter* in: Neue Deutsche Biographie, Band 17, 1994, S. 107f.

FISCHER, JOHANNES: *Rechtspositivismus und die Begründung überpositiver Rechte*, in: Härle/Vogel (Hrsg.): „Vom Rechte, das mit uns geboren ist", Aktuelle Probleme des Naturrechts, Herder, Freiburg im Breisgau 2007, S. 171ff.

FOLJANTY, LENA: *Recht oder Gesetz. Juristische Identität und Autorität in den Naturrechtsdebatten der Nachkriegszeit,* Mohr-Siebeck, Tübingen 2013.

FRITSCH, RUDOLF: *Hans Mangoldt*, in: Neue Deutsche Biographie, Band 16, 1990, S. 31f.

FROMME, FRIEDRICH KARL: *Von der Weimarer Verfassung zum Bonner Grundgesetz. Die verfassungspolitischen Folgerungen des Parlamentarischen Rates aus Weimarer Republik und nationalsozialistischer Diktatur*, Mohr-Siebeck, Tübingen 1960.

GALLWAS, HANS-ULLRICH: *Der staatsrechtliche Standort des Verfassungskonvents von Herrenchiemsee*, in: März/Oberreuter: Weichenstellung für Deutschland: Der Verfassungskonvent von Herrenchiemsee, Olzog, München 1999.

GATTERMANN, KATJANA: *NRW-Landesverfassung und Bonner Grundgesetz*, auf: https://www.landtag.nrw.de/portal/WWW/GB_II/II.1/OeA/60JAHRE/1706_NRW_Landesverfassung.jsp (zuletzt abgerufen am 2. Juli 2016).

GRAWERT, ROLF: *Menschenrechte und Staatsräson*, in: Brenner/Huber/Möstl (Hrsg.): Der Staat des Grundgesetzes – Kontinuität und Wandel. Festschrift für Peter Badura zum siebzigsten Geburtstag, Mohr Siebeck, Tübingen 2004, S. 115ff.

———: *Vom Staat zur Demokratie. Eine staatstheoretische Skizze*, in: Breuer/Epiney/Haratsch et al. (Hrsg.): Der Staat im Recht. Festschrift für Eckart Klein zum 70. Geburtstag, Duncker &Humblot, Berlin 2013, S. 65ff.

GÖLDNER, DETLEF: *Grundrechte und Grundwerte – Über Konsens und Dissens im Verfassungsdenken*, in: Püttner (Hrsg.): Festschrift für Otto Bachof zum 70. Geburtstag am 6. März 1984, C.H. Beck, München 1984, S. 21ff.

GROH, KATHRIN: *Richard Thoma (1874–1957)*, in: Häberle/Kilian/Wolff (Hrsg.): Staatsrechtslehrer des 20. Jahrhunderts: Deutschland – Österreich – Schweiz, de Gruyter, Berlin 2015.

GROTE, STEFAN: *Auf der Suche nach dem „dritten Weg". Die Rechtsphilosophie Arthur Kaufmanns*, Nomos, Baden-Baden 2006.

GUNDLING, LUKAS C.: *Nicolaus Hieronymus Gundlingius – ein Polyhistor,* Genealogische Blätter der Familie Gundling und anverwandte Familien (GBFG), Nr. 7, Schwäbisch Gmünd/Erfurt 2015 (ISSN 2196-386X).

GUNDLING, NICOLAUS HIERONYMUS: *Ausführlicher Discours über Natur- und Völcker-Recht. In welchem die Lehren der natürlichen Rechts-Gelahrtheit mit neuren und deutlichen Exempeln aus der Europäischen Staats- und teutschen Reichs-Historie mehrers erläutert werden*, Spring Verlag, Frankfurt am Main 1734.

GÜNTHER, FRIEDER: *Denken vom Staat her. Die bundesdeutsche Staatsrechtslehre zwischen Dezesion und Integration*, Oldenbourg, München 2004.

HÄBERLE, PETER: *Einleitung zur Neuauflage*, in: Ders. (Hrsg.): Entstehungsgeschichte der Artikel des Grundgesetzes. Neuausgabe des Jahrbuchs des öffentlichen Rechts der Gegenwart, Band 1, Mohr-Siebeck, Tübingen 2010.

HARTUNG, GERALD: *Die Naturrechtsdebatte: Geschichte der Obligatio vom 17. bis 20. Jahrhundert.* Verlag Karl Alber, Freiburg 1998.

HARTWICH, HANS-HERMANN: *Sozialstaatspostulat und gesellschaftlicher status quo*, Westdeutscher Verlag, Opladen, 3. Auflage 1978.

HERDEGEN, MATTHIAS: *Das Überpositive im positiven Recht: Von der Sehnsucht nach der heilen Wertewelt zum Kampf der Rechtskulturen*, in: Depenheuer/Heintzen/Jestaedt/Axer (Hrsg.): Staat im Wort. Festschrift für Josef Isensee, C.F. Müller, Heidelberg 2007, S. 135ff.

HEIß, THOMAS ALEXANDER: *Elternrechte contra Kinderrechte? Die Stellung von Eltern und Kind in der Judikatur des BVerfG*, in: NZFam 2015, S. 491ff.

HESSE, KONRAD: *Grundlinien der verfassungsrechtlichen Ordnung und ihrer Fortbildung*, in: Rechtswissenschaftliche Fakultät der Albert-Ludwigs-Universität Freiburg/Breisgau (Hrsg.): 40 Jahre Grundgesetz. Der Einfluß des Verfassungsrechts auf die Entwicklung der Rechtsordnung, C.F. Müller, Heidelberg 1990, S. 1ff.

HESSISCHE BIOGRAFIE: *Bergsträsser, Ludwig*, in: Hessische Biografie (http://www.lagis-hessen.de/pnd/118656155) (Stand laut Internetseite: 30.1.2014).

HIPPEL, ERNST VON: *Verfassungsgesetzgebung als geistiges Problem*, in DÖV 1949, S. 80ff.

———: *Die positivistische Staatslehre im Nürnberger Prozeß und nach dem Grundgesetz*, in: Seidl (Hrsg.): Aktuelle Fragen aus modernem Recht und Rechtsgeschichte, Duncker & Humblot, Berlin 1966.

———: *Elemente des Naturrechts. Eine Einführung*. Franz Vahlen, Berlin 1969.

HOFMANN, HASSO: *Die Grundrechte 1789 – 1949 – 1989*, in NJW 1989, S. 3177ff.

HOLLMANN, MICHAEL (BEARB.): *Der Parlamentarische Rat 1948–1949. Akten und Protokolle. Band 7: Entwürfe zum Grundgesetz*, Harald Boldt Verlag, Boppard a.Rh. 1995 [Dokumente daraus abweichend zitiert als: AD ParlR VII].

HUBMANN, HEINRICH: *Das Menschenbild unserer Rechtsordnung*, in: Ditz/Hübner (Hrsg.): Festschrift für Hans Carl Nipperdey zum 70. Geburtstag 21. Januar 1965, Band 1, C.H. Beck, München und Berlin 1965, S. 37ff.

HUFEN, FRIEDHELM: *Entstehung und Entwicklung der Grundrechte*, in: NJW 1999, S. 1504ff.

IPSEN, HANS PETER: *Über das Grundgesetz – nach 25 Jahren*, in DÖV 1974, S. 289ff.

IRWIN, TERENCE H.: *Nature, Law, and Natural Law*, in: Crisp (Hrsg.): The Oxford Handbook of the History of Ethics, Oxford, Oxford 2013, S. 206ff.

ISENSEE, JOSEF: *Positivität und Überpositivität der Grundrechte*, in: Papier/Merten (Hrsg.): Handbuch der Grundrechte, Band II, C.F. Müller, Heidelberg 2006, S. 41ff.

———: *Gemeinwohl und öffentliches Amt. Vordemokratische Fundamente des Verfassungsstaates*, Springer VS, Wiesbaden 2014.

ISERLOHR, ERWIN: *Ketteler, Wilhelm Emmanuel Freiherr von*, in: Neue Deutsche Biographie Band 11, 1977, S. 556ff.

JESTAEDT, MATTHIAS: *Verfassungsgerichtspositivismus. Die Ohnmacht des Verfassungsgesetzgebers im verfassungsgerichtlichen Jurisdiktionsstaat*, in: Depenheuer/Heintzen/Jestaedt/Axer (Hrsg.): Nomos und Ethos. Hommage an Josef Isensee zum 65. Geburtstag von seinen Schülern, Duncker & Humblot, Berlin 2002, S. 183ff.

KELLER, GERHARD: *Die Schuld der Deutschen: Die von bestimmten staatstragenden Parteien vorgetäuschte deutsche Vergangenheitsbewältigung*, BoD, Aurich 2015.

KIELER GELEHRTENVERZEICHNIS: *Hermann von Mangoldt* im Kieler Gelehrtenverzeichnis (http://www.gelehrtenverzeichnis.de/person/56474673-0ec3-4cc1-a4d3-a5fcb0562942; abgerufen im Oktober 2015).

KIMMINICH, OTTO: *Deutsche Verfassungsgeschichte,* 2. Auflage, Nomos, Baden-Baden 1987.

KIRCHHOF, PAUL: *Entstehungsgrund des Verfassungsstaates*, in: Sachs/Siekmann (Hrsg.): Der grundrechtsgeprägte Verfassungsstaat. Festschrift für Klaus Stern zum 80. Geburtstag, Duncker & Humblot, Berlin 2012, S. 43ff.

KIRSTE, STEPHAN: *§ 204 Die naturrechtliche Idee überstaatlicher Menschenrechte*, in: Isensee/Kirchhof (Hrsg.): Handbuch des Staatsrecht, Band X: Deutschland in der Staatengemeinschaft, C.F. Müller, 3. Auflage, Heidelberg 2012.

KISTLER, HELMUT: *Die Bundesrepublik Deutschland: Vorgeschichte und Geschichte 1945–1983*, Bundeszentrale für politische Bildung, Bonn 1985.

KLENNER, HERMANN: *Eine fast vergessene Quelle deutscher Menschenrechts- und Rechtstaatsideen: Nicolaus Hieronymus Gundling*, in: Goldschmidt/Zechlin (Hrsg.): Naturrecht, Menschenrecht und politische Gerechtigkeit, Dialektik – Enzyklopädische Zeitschrift für Philosophie und Wissenschaft, Meiner Verlag, Hamburg 1/1994, S. 123ff.

KLIPPEL, DIETHELM: *Naturrecht und Staat im Europa des 17. und 19. Jahrhunderts*, in ders. (Hrsg.): Naturrecht und Staat. Politische Funktionen des europäischen Naturrechts, Oldenbourg, München 2006.

KLOSS, HEINZ: *Documenta Paedagogica. Quellen zur Geschichte der Erziehung und des Unterrichts, Band 1: Lehrer, Eltern, Schulgemeinde*, Olms, Hildesheim und New York, 2. Auflage 1981.

KLUTH, WINFRIED: *Menschenwürde zwischen Naturrecht und Tabu*, in: Depenheuer/Heintzen/Jestaedt/Axer (Hrsg.): Staat im Wort. Festschrift für Josef Isensee, C.F. Müller, Heidelberg 2007, S. 135ff.

KRAMER, JUTTA: *Das Grundgesetz: Dokumentation seiner Entstehung*. Band 21: Art. 83 bis 85, Klostermann, Frankfurt am Main 2013.

KERN, ERNST: *Die Bedeutung des Naturrechts für Gesetzgebung und Verwaltung*, in DÖV 1949, S. 241ff.

KRÖGER, KLAUS: *Einführung in die Verfassungsgeschichte der Bundesrepublik Deutschland: Vorgeschichte, Grundstrukturen und Entwicklungslinien des Grundgesetzes*, Schriftenreihe der JuS, C.H. Beck, München 1993.

KREß, HARTMUT: *Gott in der Verfassung? Kritische Anmerkungen zu einer neu angefachten Debatte*, ZRP 2015, S. 152ff.

KÜCHENHOFF, GÜNTHER/WOLLENSCHLÄGER, MICHAEL: *Der Ruf nach Thomas von Aquin*, in: Lerche/Zacher/Badura (Hrsg.): Festschrift für Theodor Maunz zum 80. Geburtstag am 1. September 1981, C.H. Beck, München 1981, S. 207ff.

KURZ, DIETRICH (BEARB.): *Platon. Werke in acht Bänden. Band 4. Der Staat / Politeia*. Griechischer Text von Emile Chambry. Deutsche Übersetzung von Friedrich Schleiermacher. WBG, 6. Auflage, Darmstadt 2011 [abweichend zitiert als Platon, Politeia].

LANGE, ERHARD H. M.: *Entstehung des Grundgesetzes und Öffentlichkeit: Zustimmung erst nach Jahren,* in: Zeitschrift für Parlamentsfragen 10 (1979), S. 378ff.

———: *Die Würde des Menschen ist unantastbar. Der Parlamentarische Rat und das Grundgesetz*, Decker und Müller, Heidelberg 1993.

———: *Renner, Heinz*, in: Neue Deutsche Biographie, Band 21, 2003, S. 429f.

———: *Frederike Nadig (SPD)*, im Dossier Parlamentarischer Rat und Grundgesetz der Bundeszentrale für politische Bildung (http://www.bpb.de/geschichte/deutsche-geschichte/grundgesetz-und-parlamentarischer-rat/39112/friederike-nadig-spd) [zitiert als Lange 2008a] (Stand Oktober 2008, abgerufen im Oktober 2015).

———: *Hans Wunderlich (SPD)*, im Dossier Parlamentarischer Rat und Grundgesetz der Bundeszentrale für politische Bildung (http://www.bpb.de/geschichte/deutsche-geschichte/grundgesetz-und-parlamentarischer-rat/39166/hans-wunderlich-spd) [zitiert als Lange 2008b] (Stand Oktober 2008; abgerufen im Oktober 2015).

———: *Wilhelm Heile (DP),* im Dossier Parlamentarischer Rat und Grundgesetz der Bundeszentrale für politische Bildung (http://www.bpb.de/geschichte/deutsche-geschichte/grundgesetz-und-parlamentarischer-rat/39072/wilhelm-heile-dp) [zitiert als Lange 2008c] (Stand Oktober 2008; abgerufen am Oktober 2015).

———: *Georg August Zinn (SPD),* im Dossier Parlamentarischer Rat und Grundgesetz der Bundeszentrale für politische Bildung (http://www.bpb.de/geschichte/deutsche-geschichte/grundgesetz-und-parlamentarischer-rat/39174/georg-august-zinn-spd) [zitiert als Lange 2008d] (Stand Oktober 2008; abgerufen im Oktober 2015).

———: *Ludwig Bergsträsser (SPD),* im Dossier Parlamentarischer Rat und Grundgesetz der Bundeszentrale für politische Bildung (http://www.bpb.de/geschichte/deutsche-geschichte/grundgesetz-und-parlamentarischer-rat/39049/ludwig-bergstraesser-spd) [zitiert als Lange 2008e] (Stand Oktober 2008; abgerufen im Oktober 2015).

———: *Thomas Dehler (FDP),* im Dossier Parlamentarischer Rat und Grundgesetz der Bundeszentrale für politische Bildung (http://www.bpb.de/themen/8KE7MC,0,0,Thomas_Dehler_%28FDP%29.html) [zitiert als Lange 2008f] (Stand Dezember 2008; abgerufen im Oktober 2015).

———: *Gustav Zimmermann (SPD),* im Dossier Parlamentarischer Rat und Grundgesetz der Bundeszentrale für politische Bildung (http://www.bpb.de/geschichte/deutsche-geschichte/grundgesetz-und-parlamentarischer-rat/39169/gustav-zimmermann-spd) [zitiert als Lange 2008g] (Stand September 2008; abgerufen im Dezember 2015).

———: *Helene Wessel (Zentrumspartei),* im Dossier Parlamentarischer Rat und Grundgesetz der Bundeszentrale für politische Bildung (http://www.bpb.de/geschichte/deutsche-geschichte/grundgesetz-und-parlamentarischer-rat/39159/helene-wessel-zentrumspartei) [zitiert als Lange 2008h] (Stand September 2008; abgerufen im Dezember 2015).

———: *Max Reimann (KPD),* im Dossier Parlamentarischer Rat und Grundgesetz der Bundeszentrale für politische Bildung (http://www.bpb.de/geschichte/deutsche-geschichte/grundgesetz-und-parlamentarischer-rat/39119/max-reimann-kpd) [zitiert als Lange 2008i] (Stand September 2008; abgerufen im Dezember 2015).

———: *Friedrich Wilhelm Wagner (SPD),* im Dossier Parlamentarischer Rat und Grundgesetz der Bundeszentrale für politische Bildung (http://www.bpb.de/geschichte/deutsche-geschichte/grundgesetz-und-parlamentarischer-rat/39153/friedrich-wilhelm-wagner-spd) [zitiert als Lange 2008j] (Stand September 2008; abgerufen im Dezember 2015).

———: *Adolf Süsterhenn (CDU),* im Dossier Parlamentarischer Rat und Grundgesetz der Bundeszentrale für politische Bildung (http://www.bpb.de/themen/WC1PWL,0,0,Adolf_S%fcsterhenn_(CDU).html) [zitiert als Lange 2008k] (Stand September 2008; abgerufen im Juni 2016).

LANGE, FELIX: *Wider das "völkerrechtliche Geschwafel" – Hermann Mosler und die praxisorientierte Herangehensweise an das Völkerrecht im Rahmen des Max-Planck-Instituts*, ZaöRV 2015, 307ff.

LEIBHOLZ, GERHARD: *Die Struktur der neuen Verfassung*, in: DV 1948, S. 73ff.

LOCKE, JOHN: *Zwei Abhandlungen über die Regierung*. Hrsg. und eingeleitet von Walter Euchner, Suhrkamp, Frankfurt am Main 1977.

LOHMANN, GEORG/GOSEPATH, STEFAN: *Einleitung [zu Philosophie der Menschenrechte]*, in: dies. [Hrsg.]: Philosophie der Menschenrechte, Suhrkamp, Frankfurt am Main 1998, S. 7ff.

MAIER, HANS: *Die Grundrechte des Menschen im modernen Staat*, Texte Thesen 36, Fromm, Osnabrück 1973.

———: *Überlegungen zu einer Geschichte der Menschenrechte*, in: Badura/Scholz (Hrsg.): Wege und Verfahren des Verfassungslebens. Festschrift für Peter Lerche zum 65. Geburtstag, C.H. Beck, München, 1993, S. 41ff.

MANGOLDT, HERMANN VON: *Grundsätzliches zum Neuaufbau einer deutschen Staatsgewalt. Eine staats- und völkerrechtliche Studie*, Veröffentlichungen des Instituts für Internationales Recht an der Universität Kiel, Heft 2, Gesetz und Recht Verlag, Kiel 1947.

———: *Zum Beruf unserer Zeit für die Verfassungsgebung. Grundsätzliches zu den Bonner Verfassungsarbeiten*, in: DÖV 1948, S. 51ff.

MARCIC, RENÉ: *Vom Gesetzesstaat zum Richterstaat, Recht als Maß der Macht/Gedanken über den demokratischen Rechts- und Sozialstaat*, Springer, Wien 1957.

———: *Gustav Radbruch und Hans Kelsen,* in: Kaufmann (Hrsg.): Gedächtnisschrift für Gustav Radbruch 21.11.1878 – 23.11.1949, Vandenoeck & Ruprecht, Göttingen 1968, S. 82ff.

MARX, REINHARD: *Grußwort „Zur Ethik des Privateigentums"*, in: Depenheuer (Hrsg.): Eigentum: Ordnungsidee, Zustand, Entwicklungen, Springer, Wiesbaden 2006, S. 11ff.

MAUNZ, THEODOR: *Verwirkung von Grundrechten*, in: Badura/Scholz (Hrsg.): Wege und Verfahren des Verfassungslebens. Festschrift für Peter Lerche zum 65. Geburtstag, C.H. Beck, München, 1993, S. 281ff.

MENGER, CHRISTIAN-FRIEDRICH: *Deutsche Verfassungsgeschichte der Neuzeit: Eine Einführung in die Grundlagen*, C.F. Müller, Heidelberg 1993.

MERTEN, DETLEF: *Zur Würde des Staates*, in: Depenheuer/Heintzen/Jestaedt/Axer (Hrsg.): Staat im Wort. Festschrift für Josef Isensee, C.F. Müller, Heidelberg 2007, S. 123ff.

———: *Art. 1 Abs. 3 GG als Schlüsselnorm des grundrechtsgeprägten Verfassungsstaates*, in: Sachs/Siekmann (Hrsg.): Der grundrechtsgeprägte Verfassungsstaat. Festschrift für Klaus Stern zum 80. Geburtstag, Duncker & Humblot, Berlin 2012, S. 483ff.

MORSEY, RUDOLF: *Verfassungsschöpfung unter Besatzungsherrschaft: Die Entstehung des Grundgesetzes im Parlamentarischen Rat*, DÖV 1989, S. 471ff.

MÜHLHAUSEN, WALTER: *Treuhänder des deutschen Volkes: die Ministerpräsidenten im Interregnum*, in: Mühlhausen/Regin (Hrsg.): Treuhänder des Deutschen Volkes. Die Ministerpräsidenten der westlichen Besatzungszonen nach den ersten freien Wahlen, Verlag Kasseler Forschungen zur Zeitgeschichte, Kassel 1991, S. 7ff.

MÜLLER, GEBHARD: *Naturrecht und Grundgesetz: Zur Rechtsprechung der Gerichte, besonders des Bundesverfassungsgerichts*, Echter-Verlag, Würzburg 1967.

MURPHY, MARC C.: *Natural Law Theory*, in: Golding/Edmundson (Hrsg.): The Blackwell Guide to the Philosophy of Law and Legal Theory, Blackwell, Oxford 2005, S. 15ff.

MUßGNUG, REINHARD: *Zustandekommen des Grundgesetzes und Entstehen der Bundesrepublik Deutschland*, in: Isensee/Kirchof (Hrsg.): Handbuch des Staatsrecht, Band I., 3. Auflage, C.F. Müller, Heidelberg 2003.

NEUMANN, ULFRIED: *Naturrecht und Positivismus im Denken Gustav Radbruchs: Kontinuitäten und Diskontinuitäten*, in: Härle/Vogel (Hrsg.): „Vom Rechte, das mit uns geboren ist", Aktuelle Probleme des Naturrechts, Herder, Freiburg im Breisgau 2007, S. 11ff.

NOTZ, GIESELA/WICKERT, CHRISTL: *Die geglückte Verfassung: Sozialdemokratische Handschrift des Grundgesetzes*, SPD-Bundestagsfraktion (Hrsg.), Berlin 2009.

OBERREUTER, HEINRICH/WEBER, JÜRGEN: *Die Niederlage, die eine Befreiung war*, in: dies. (Hrsg.): Freundliche Feinde? Die Alliierten und die Demokratiegründung in Deutschland, Olzog, München 1996, S. 9ff.

———: *Ideen und Intentionen der Neuschöpfung im Spiegel der Republik von heute*, in: März/Oberreuter (Hrsg.): Weichenstellung für Deutschland: Der Verfassungskonvent von Herrenchiemsee, Olzog, München 1999.

OTTO, VOLKER: *Das Staatsverständnis des Parlamentarischen Rates. Ein Beitrag zur Entstehungsgeschichte des Grundgesetzes für die Bundesrepublik Deutschland*, Kommission für die Geschichte des Parlamentarismus und der politischen Parteien, Bonn-Bad Godsberg 1971.

PALM, ULRICH: *Die Person als ethische Rechtsgrundlage der Verfassungsordnung*, in: Gröhe/Kannengießer (Hrsg.): Wertentscheidungen als Grundlage der Rechtsordnung, Konrad-Adenauer-Stiftung, St. Augustin und Berlin 2007, S. 21ff.

PATZELT, WERNER J.: *Einführung in die Politikwissenschaft: Grundriss des Faches und studiumbegleitende Orientierung*, Rothe, 7. Auflage, Passau 2013.

PAULY, WALTER: *Verfassungs- und Verfassungsprozessrecht*, in: Willoweit (Hrsg.): Rechtswissenschaft und Rechtsliteratur im 20. Jahrhundert, C.H. Beck, München 2007.

PFEIFFER, ANTON: *Vom Werden einer Verfassung*, in DÖV 1948, S. 49ff.

PIEL, EDGAR: *Spuren der NS-Ideologie im Nachkriegsdeutschland*, in: Oberreuter/Weber (Hrsg.): Freundliche Feinde? Die Alliierten und die Demokratiegründung in Deutschland, Olzog, München 1996, S. 145ff.

PIKART, EBERHARD: *Heuss, Theodor*, in: Neue Deutsche Biographie, Band 9, 1972, S. 52ff.

———/WERNER, WOLFRAM (BEARB.): *Der Parlamentarische Rat 1948–1949. Akten und Protokolle. Band 5: Ausschuß für Grundsatzfragen*, TB I + II, Harald Boldt Verlag, Boppard a.Rh. 1993 [Dokumente daraus abweichend zitiert als: AD ParlR V].

PIUS XI., PAPST: *Enzyklika quadragesimo anno*, Vatikan 1931, deutsche Übersetzung abzurufen unter http://www.uibk.ac.at/theol/leseraum/texte/319.html#ch15 (zuletzt abgerufen am 14. Dezember 2015).

PLATON siehe KURZ

QUARITSCH, HELMUT: *Standort und Aufgaben der Staatslehre heute*, in: Neuhaus (Hrsg.): Verfassung und Verwaltung. Festschrift für Kurt G.A. Jeserich zum 90. Geburtstag, Böhlau, Köln 1994, S. 355ff.

RADBRUCH, GUSTAV: *Gesetzliches Unrecht und übergesetzliches Recht*, in SJZ 1946, S. 105ff.

RENKOFF, OTTO/VOLK, OTTO: *Zinn, Georg August*, in: Hessische Biografie, http://www.lagis-hessen.de/pnd/119311151 (Stand laut Internetseite: 4.3.2013).

REUTER-BOYSEN, CHRISTIANE: *Pfeiffer, Franz Anton*, in: Neue Deutsche Biographie, Band 20, 2001, S. 314f.

ROBBERS, GERHARD: *Woran das Recht gebunden ist. Eine Skizze*, in: Härle/Vogel (Hrsg.): „Vom Rechte, das mit uns geboren ist", Aktuelle Probleme des Naturrechts, Herder, Freiburg im Breisgau 2007, S. 33ff.

ROSENBAUM, WOLF: *Naturrecht und positives Recht, Rechtssoziologische Untersuchungen zum Einfluß der Naturrechtslehre auf die Rechtspraxis in Deutschland seit Beginn des 19. Jahrhunderts*, Luchterhand, Neuwied 1972.

ROUSSEAU, JEAN-JACQUES: *Abhandlung über die politische Ökonomie*, in ders.: Politische Schriften, Band 1, Übersetzung und Einführung von Ludwig Schmidt, Schöningh, Paderborn 1977.

———: *Du contract social ou Principes du droit politique/Vom Gesellschaftsvertrag oder Grundsätze des Staatsrechts*. Französisch/Deutsch, Reclam, Stuttgart 2010

RÜTHERS, BERND/FISCHER, CHRISTIAN/BIRK, AXEL: *Rechtstheorie mit Juristischer Methodenlehre*, C.H. Beck, München, 8. Auflage, 2015.

SALZMANN, REINER (BEARB.): *Die CDU/CSU im Parlamentarischen Rat. Sitzungsprotokolle der Unionsfraktion*, Klett-Cotta, Stuttgart 1981 [Dokumente daraus abweichend zitiert als: Fr. Prot. CDU/CSU].

SCHLEMMER, THOMAS: *Anton Pfeiffer (1888–1957). Chef der Staatskanzlei, Bayern*, in: Buchstab/Kleinmann (Hrsg.): In Verantwortung vor Gott und den Menschen: Christliche Demokraten im Parlamentarischen Rat 1948/49, Herder, Freiburg 2008.

SCHMID, KARL: *Die Forderung des Tages. Reden und Aufsätze*, Ernst Klett, Stuttgart 1946.

SCHNEIDER, HANS-PETER: *Der Wille des Verfassunggebers. Zur Bedeutung genetischer und historischer Argumente für die Verfassungsinterpretation*, Burmeister (Hrsg.): Verfassungsstaatlichkeit. Festschrift für Klaus Stern zum 65. Geburtstag, C.H. Beck, München 1997, S. 903ff.

SCHNEIDER, PETER: *Naturrechtliche Strömungen in deutscher Rechtsprechung*, in: Archiv für Rechts- und Sozialphilosophie, Neuwied und Berlin 1956, S. 98ff.

SCHOELEN, EUGEN: *Dörpfeld, Friedrich Wilhelm*, in: Neue Deutsche Biographie, Band 4, 1959, S. 35.

SCHWAB, DIETER: *Der Staat im Naturrecht der Scholastik*, in: Klippel: Naturrecht und Staat. Politische Funktionen des europäischen Naturrechts, Oldenbourg, München 2006.

———: *Das Geistige Eigentum zwischen Naturrecht und Positivierung. Zugleich einige Anmerkungen zu Püttners Schrift gegen den Büchernachdruck*, in: Pahlow/Eisfeld (Hrsg.): Grundlagen und Grundfragen des Geistigen Eigentums, Mohr Siebeck, Tübingen 2008.

———: *Naturrecht als Norm nach dem Zusammenbruch des „Dritten Reiches"*, in: Löhnig (Hrsg.): Zwischenzeit: Rechtsgeschichte der Besetzungsjahre, Rechtskultur Wissenschaft, Regenstauf 2011.

SCHWARZMÜLLER, THEO: *Albert Finck (1895–1956) Redakteur, Rheinland-Pfalz*, in: Buchstab/Kleinmann (Hrsg.): In Verantwortung vor Gott und den Menschen: Christliche Demokraten im Parlamentarischen Rat 1948/49, Herder, Freiburg 2008.

SPAEMANN, ROBERT: *Die Bedeutung des Natürlichen im Recht*, in: Härle/Vogel (Hrsg.): „Vom Rechte, das mit uns geboren ist", Aktuelle Probleme des Naturrechts, Herder, Freiburg im Breisgau 2007, S. 322ff.

SPRENGER, GERHARD: *Das „Sittengesetz" als Freiheitsschranke – Mutmaßungen über ein Phantom*, in: Baumann/v. Dickhuth-Harrach/Marotzke (Hrsg.): Gesetz. Recht. Rechtsgeschichte. Festschrift für Gerhard Otte zum 70. Geburtstag, Sellier, München 2005, S. 401ff.

STAMMEN, THEO/MAIER, GEROLD: *Der Prozess der Verfassungsgebung*, in: Becker/Stammen/Waldmann (Hrsg.): Vorgeschichte der Bundesrepublik Deutschland. Zwischen Kapitulation und Grundgesetz, Fink, München 1979.

STARCK, CHRISTIAN: *Hermann von Mangoldt (1895–1953), Mitglied des Parlamentarischen Rates und Kommentator des Grundgesetzes*, in: AöR, Band 121 (1996), S. 438.

———: *Die philosophischen Grundlagen der Menschenrechte*, in: Der Staat des Grundgesetzes – Kontinuität und Wandel. Festschrift für Peter Badura zum siebzigsten Geburtstag, Mohr Siebeck, Tübingen 2004, S. 553ff.

———: *Grundrechte und Gesetz. Eine Entwicklungsgeschichte*, in: Sachs/Siekmann (Hrsg.): Der grundrechtsgeprägte Verfassungsstaat. Festschrift für Klaus Stern zum 80. Geburtstag, Duncker & Humblot, Berlin 2012, S. 197ff.

STEINER, UDO: *Rechtsstaat im (Wieder-)Aufbau*, in: Löhnig (Hrsg.): Zwischenzeit: Rechtsgeschichte der Besetzungsjahre, Rechtskultur Wissenschaft, Regenstauf 2011.

STEPANIANS, MARKUS S.: *Naturrecht*, in: Gosepath (Hrsg.): Handbuch der politischen Philosophie und Sozialphilosophie, Band 2, de Gruyter, Berlin 2008, S. 887ff.

STERN, KLAUS: *Totalrevision des Grundgesetzes?*, in: Spanner/Lerche/Zacher/Badura/v. Campenhausen (Hrsg.): Festgabe für Theodor Maunz zum 70. Geburtstag am 1. September 1971, C.H. Beck, München 1971, S. 391ff.

———: *General Assessment of the Basic Law – A German View*, in: Kirchhof/Kommers (Hrsg.): Germany and its Basic Law, Nomos, Baden-Baden S. 17ff.

———: *Idee der Menschen- und Grundrechte*, in: Isensee/Kirchof (Hrsg.): Handbuch des Staatsrechts, Band I., 3. Auflage, C.F. Müller, Heidelberg 2003.

STOBER, ROLF: *Grundpflichten als verfassungsrechtliche Dimension*, in NVwZ 1982, S. 473ff.

STOLLEIS, MICHAEL: *Besatzungsherrschaft und Wiederaufbau 1945–1949*, in: Isensee/Kirchof (Hrsg.): Handbuch des Staatsrechts, Band I., 3. Auflage, C.F. Müller, Heidelberg 2003.

———: *Öffentliches Recht in Deutschland. Eine Einführung in seine Geschichte 16.–21. Jahrhundert*, C.H. Beck, München 2014.

STRAETLING, ERICH: *Der Parlamentarische Rat 1948–1949. Authentischer Bericht mit der ,Parlamentarischen Elegie' von Carlo Schmid*, Politik in unserer Zeit, Band 15, Neske, Pfullingen 1989.

STRAUß, WALTER: *Aus der Entstehungsgeschichte des Grundgesetzes*, in: Claussen (Hrsg.): Neue Perspektiven aus Wirtschaft und Recht. Festschrift für Hans Schäffer zum 80. Geburtstag am 11. April 1966, Duncker & Humblot, Berlin 1966, S. 341ff.

STREIDL, PAUL: *Naturrecht, Staatswissenschaften und Politisierung bei Gottfried Achenwall (1719–1772): Studien zur Gelehrtengeschichte Göttingens in der Aufklärung*, Verlag Herbert Utz, München 2003.

THIER, ANDREAS: *Sohm, Gotthard Julius Rudolph*, in: Neue Deutsche Biographie 24, 2010, S. 539ff.

THOMA, RICHARD: *Die juristische Bedeutung der grundrechtlichen Sätze der deutschen Reichsverfassung im allgemeinen*, in: Nipperdey (Hrsg.): Die Grundrechte und Grundpflichten der Reichsverfassung. Kommentar zum zweiten Teil der Reichsverfassung, Band 1, Reimar Hobbing, Berlin 1929, S. 1ff.

———: *§ 102. Das System der subjektiven öffentlichen Rechte und Pflichten*, in: ders./Anschütz (Hrsg.): Handbuch des deutschen Staatsrechts, Band 2, Mohr Siebeck, Tübingen 1932 (unveränderter Nachdruck 1998).

TISCHNER, WOLFGANG: *Josef Schrage (1881–1953). Landrat, Nordrhein-Westfalen*, in: Buchstab/Kleinmann (Hrsg.): In Verantwortung vor Gott und den Menschen: Christliche Demokraten im Parlamentarischen Rat 1948/49, Herder, Freiburg 2008 [zitiert als 2008a].

———: *Helene Weber (1881–1962). Frauen- und Familienpolitikerin, Nordrhein-Westfalen*, in: Buchstab/Kleinmann (Hrsg.): In Verantwortung vor Gott und den Menschen: Christliche Demokraten im Parlamentarischen Rat 1948/49, Herder, Freiburg 2008 [zitiert als 2008b].

UERTZ, RUDOLF: *Adolf Süsterhenn (1905–1974), Landesminister, Rheinland-Pfalz*, in: Buchstab/Kleinmann (Hrsg.): In Verantwortung vor Gott und den Menschen: Christliche Demokraten im Parlamentarischen Rat 1948/49, Herder, Freiburg 2008.

ULRICH, AXEL: *Georg-August Zinn*, in: Stadtlexikon Wiesbaden auf https://www.wiesbaden.de/microsite/stadtlexikon/a-z/Zinn__Georg_August.php (abgerufen im Oktober 2015).

VASSALLI, GUILIANO: *Radbruchsche Formel und Strafrecht: zur Bestrafung der "Staatsverbrechen" im postnazistischen und postkommunistischen Deutschland*, de Gruyter, Berlin 2010.

VIERHAUS, RUDOLF/HERBST, LUDOLF (HRSG.): *Biographisches Handbuch der Mitglieder des Bundestages 1949-2002*, Band 1, Saur, München 2002.

VOSGERAU, ULRICH: *Hermann von Mangoldt (1895–1953), Universitätsprofessor, Schleswig-Holstein*, in: Buchstab/Kleinmann (Hrsg.): In Verantwortung vor Gott und den Menschen: Christliche Demokraten im Parlamentarischen Rat 1948/49, Herder, Freiburg 2008.

WAGNER, JOHANNES VOLKER (BEARB.): *Der Parlamentarische Rat 1948–1949. Akten und Protokolle. Band 1: Vorgeschichte*, Harald Boldt, Boppard a. Rh. 1975 [Dokumente daraus abweichend zitiert als: AD ParlR I].

WALDSTEIN, WOLFGANG: *Naturrecht in der europäischen Rechtsentwicklung*, in: Guz (Hrsg.): Das Naturrecht und Europa, Ad Fontes, Schriften zur Philosophie, Peter Lang, Frankfurt am Main 2007.

WEBER, HERMANN/HERBST, ANDREAS: *Deutsche Kommunisten. Biographisches Handbuch 1918 bis 1945*. 2. Auflage. Karl Dietz Verlag, Berlin 2004.

WEBER, PETRA: *Carlo Schmid, die SPD und der Verfassungskonvent von Herrenchiemsee*, in: März/Oberreuter: Weichenstellung für Deutschland: Der Verfassungskonvent von Herrenchiemsee, Olzog, München 1999.

———: *Schmid, Carlo*, in: Neue Deutsche Biographie, Band 23, 2007, S. 151f.

WEBER-FAS, RUDOLF: *Der Verfassungsstaat des Grundgesetzes. Entstehung – Prinzipien – Gestalt*, Mohr Siebeck, Tübingen 2002.

WEINKAUFF, HERMANN: *Der Naturrechtsgedanke in der Rechtsprechung des Bundesgerichtshofes*, in: NJW 38/1960, S. 1689ff.

WEINREB, LLOYD L.: *Natural Law and Rights*, in: George (Hrsg.): Natural Law Theory. Contemporary Essays, Clarendon, Oxford 1992, S. 278ff.

WENGST, UDO: *Herrenchiemsee und die Konstellation des Jahres 1948*, in: März/Oberreuter: Weichenstellung für Deutschland: Der Verfassungskonvent von Herrenchiemsee, Olzog, München 1999.

WERNER, FRITZ: *Verwaltungsrecht als konkretisiertes Verfassungsrecht*, in: DVBl. 1959, S. 527ff.

WERNER, WOLFRAM (BEARB.): *Der Parlamentarische Rat 1948–1949. Akten und Protokolle. Band 9: Plenum*, Harald Boldt Verlag im R. Oldenbourg Verlag, München 1996 [Dokumente daraus abweichend zitiert als: AD ParlR IX].

WESSEL, HELENE: *Bewahrung, nicht Verwahrlosung: Eine fürsorgerische und eugenische Notwendigkeit*. van Gils, Geilenkirchen 1934.

WILMS, HEINRICH: *Ausländische Einwirkungen auf die Entstehung des Grundgesetzes*, Kohlhammer, Stuttgart 1999.

WOLF, ERIK: *Das Problem der Naturrechtslehre. Versuch einer Orientierung*, C.F. Müller, Karlsruhe, 3. Auflage 1964.

WOLFRUM, RÜDIGER: *Herrmann Mangoldt*, in: Neue Deutsche Biographie (NDB), Band 16, 1990, S. 32f.

WÜRTENBERGER, THOMAS: *Das Naturrecht und die Philosophie der Gegenwart*, JZ 1955, S. 1ff.

———: *Ansätze und Zielsetzungen einer Verfassungsgeschichte des Grundgesetzes*, in: Burmeister (Hrsg.): Verfassungsstaatlichkeit. Festschrift für Klaus Stern zum 65. Geburtstag, C.H. Beck, München 1997, S. 127ff.

ZACHER, HANS F.: *Hans Nawiasky, Ein Leben für Bundesstaat, Rechtstaat und Demokratie*, in: Spanner/Lerche/Zacher/Badura/v. Campenhausen (Hrsg.): Festgabe für Theodor Maunz zum 70. Geburtstag am 1. September 1971, C.H. Beck, München 1971, S. 477ff.

ZAJADŁO, JERZY: *Überwindung des Rechtspositivismus als Grundwert des Grundgesetzes. Die verfassungsrechtliche Aktualität des Naturrechtsproblems*, in: Der Staat, 26. Band, Berlin 1987, S. 207ff.

ZORN, RUDOLF: *Von den Begrenzungen der Staatsgewalt*, in: Maunz (Hrsg.): Vom Bonner Grundgesetz zur Gesamtdeutschen Verfassung. Festschrift zum 75. Geburtstag von Hans Nawiasky, Isar, München 1956, S. 413ff.

ZÜNDORF, IRMGARD: *Biografie Helene Wessel*, in: LeMO-Biografien, Lebendiges Museum Online, Stiftung Haus der Geschichte der Bundesrepublik Deutschland, http://www.hdg.de/lemo/biografie/helene-wessel.html (zuletzt abgerufen am 30.06.2016).

www.ingramcontent.com/pod-product-compliance
Ingram Content Group UK Ltd.
Pitfield, Milton Keynes, MK11 3LW, UK
UKHW040026200726
13854UKWH00001B/379

9 783838 210100